JUNG E OS DESAFIOS
CONTEMPORÂNEOS

Dados Internacionais de Catalogação na Publicação (CIP)
(Câmara Brasileira do Livro, SP, Brasil)

Jung e os desafios contemporâneos / Joyce Werres
  (org.). – Petrópolis, RJ : Vozes, 2019. – (Reflexões
Junguianas)
  Bibliografia.
  ISBN 978-85-326-6200-2
  1. Jung, Carl Gustav, 1875-1961 2. Humanidade
3. Psicologia junguiana 4. Reflexões 5. Teoria do
conhecimento I. Werres, Joyce. II. Série.

19-27251   CDD-150.1954

Índices para catálogo sistemático:
1. Psicologia analítica junguiana   150.1954

Maria Alice Ferreira – Bibliotecária – CRB-8/7964

Joyce Werres
(org.)

**JUNG E OS
DESAFIOS
CONTEMPORÂNEOS**

EDITORA
VOZES

Petrópolis

© 2019, Editora Vozes Ltda.
Rua Frei Luís, 100
25689-900 Petrópolis, RJ
www.vozes.com.br
Brasil

Todos os direitos reservados. Nenhuma parte desta obra poderá ser reproduzida ou transmitida por qualquer forma e/ou quaisquer meios (eletrônico ou mecânico, incluindo fotocópia e gravação) ou arquivada em qualquer sistema ou banco de dados sem permissão escrita da editora.

CONSELHO EDITORIAL

Diretor
Gilberto Gonçalves Garcia

Editores
Aline dos Santos Carneiro
Edrian Josué Pasini
Marilac Loraine Oleniki
Welder Lancieri Marchini

Conselheiros
Francisco Morás
Ludovico Garmus
Teobaldo Heidemann
Volney J. Berkenbrock

Secretário executivo
João Batista Kreuch

Editoração: Leonardo A.R.T. dos Santos
Diagramação: Sheilandre Desenv. Gráfico
Revisão gráfica: Nilton Braz da Rocha / Nivaldo S. Menezes
Capa: Editora Vozes

ISBN 978-85-326-6200-2

Editado conforme o novo acordo ortográfico.

Este livro foi composto e impresso pela Editora Vozes Ltda.

Sumário

Apresentação, 7
  Joyce Werres
Prefácio – O homem no seu labirinto, 11
  Juremir Machado da Silva
1 O indivíduo, 13
  Joyce Werres
2 A família, 38
  Renata Whitaker Horschutz
3 As relações, 56
  Anita Mussi
4 A educação, 76
  Rosa Brizola Felizardo
5 A sociedade, 91
  Rose Mary Kerr de Barros
6 A cultura, 123
  Humbertho Oliveira
7 A arte, 145
  Sílvio Lopes Peres
8 A política, 172
  Fernando Bortolon Massignan
9 Os valores, 207
  Gelson Luis Roberto
10 As perspectivas, 230
  Walter Boechat
Sobre os autores, 252

Apresentação

Joyce Werres

Este livro surgiu da necessidade de reflexão sobre a humanidade pós-moderna.

O mundo está mudando pela ação humana. O ser humano vem ganhando campo no avanço tecnológico, na ciência, no domínio da natureza. Mas como podemos pensar, no que diz respeito ao ser humano atual, sobre sua atuação na família, nas relações que estabelece com seus iguais, com o mundo em que habita e na sociedade em que está inserido? Qual cultura está sendo produzida a partir de seus valores vigentes? Quais as implicações na política, na educação e na arte? Quais são os valores que o motivam e quais são as perspectivas para as gerações futuras?

Atualmente, as informações nos chegam em frações de segundo, a todo o momento. Podemos saber, com facilidade, o que acontece em todo o planeta e em todas as culturas. O acesso às informações nos permite avaliar os padrões coletivos que tramitam no mundo em que vivemos. Teremos uma predileção por notícias desagradáveis, ou viveremos numa época em que as escolhas que fazemos produzem poucos eventos dignos de enaltecimento? Lidamos com a violência crescente, com o superaquecimento, a superpopulação, o aumento da pobreza, a destruição da natureza e a extinção de várias espécies animais. Nossos hábitos estão danificando o meio ambiente. Nosso hedonismo nos prejudica a empatia. Sabemos disso pelas notícias que chegam até nós; mas como estamos nos relacionando com esses fatos? Sabermos nos torna mais sensíveis, mais atuantes na busca de soluções? Ou estamos alheios ao que se passa à nossa volta, como se não fôssemos afetados?

No intuito de refletirmos sobre estas questões, tão atuais e emergentes, discorreremos, em cada capítulo deste livro, sobre as diversas áreas da atuação humana, com um olhar ampliado e sob a perspectiva de diferentes estudiosos do pensamento junguiano. Entendemos que a pluralidade de olhares, reflexões e saberes nos auxilia no entendimento do espírito da época em que estamos vivendo. Procuramos, nesse sentido, trazer uma contribuição para o entendimento do indivíduo contemporâneo, bem como levantamos possibilidades de saídas criativas, para que seja possível uma ampliação da consciência, que nos permita a reconstrução de uma existência mais fraterna e harmônica.

Jung entendia que a causa está a serviço de um fim. Haverá, então, uma finalidade para as condições em que as coisas se encontram? Para onde caminha a humanidade? Procuramos, no desenvolvimento desta obra, lançar luz sobre se o indivíduo está, ou não, consciente das escolhas que faz, sobre as novas configurações familiares, sobre como se dão as relações interpessoais na sociedade atual, sobre a atuação da educação na produção de indivíduos mais responsáveis, sobre a criação de uma nova cultura. Lançamos um olhar na transformação da arte, na política(gem) que desvirtua os interesses coletivos, nos valores que movem os interesses das pessoas e quais são as perspectivas que herdaremos a partir deste panorama.

Sabedores da responsabilidade que cada indivíduo tem consigo próprio, na aquisição e ampliação de sua consciência para que a evolução humana siga seu curso, trazemos nossa pequena contribuição e convidamos o nosso leitor a uma reflexão sobre sua atuação na egrégora planetária.

Recebi uma mensagem, que foi apontada como de autoria de Santo Tomás de Aquino, porém não encontrei a fonte que a afirmasse. Mas, mesmo com a incerteza da autoria, vejo a importância de trazê-la como um reforço à necessidade de nos pensarmos fazendo parte de um todo, frutos da mesma matéria e essências da mesma criação.

> Somos de vidro, também de pedra, água e areia... Viajantes do tempo. O remetente e o destinatário. Tudo que jogamos contra o vento vem ao nosso encontro. Somos o próprio reflexo que vemos no espelho e além dele. Somos a vida e a morte. O tudo e também o nada. Somos idealizadores. Sonhadores. Propagadores. Feitos de inocência num mundo de regras. Maldosos ou bondosos – no tempo exato... Ora oferecemos riscos, ora somos a mais perfeita das ternuras. O ponto de encontro está em cada um de nós. Encontrar-se é o desafio. Entender-se sagrado é o caminho. Enxergar além de, é o que falta. Permitir-se acolher o irmão e entender que ele é tão frágil e tão forte como nós é a meta. Que ninguém é melhor do que ninguém. No final das contas somos pó... Nem sempre intactos. Nem sempre puros... O importante é buscar, olhar para dentro de si e observar que o mundo é bênção, que somos filhos da Graça – temos a divindade dentro de nós...

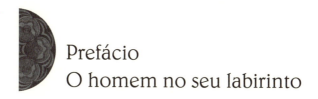
Prefácio
O homem no seu labirinto

Juremir Machado da Silva
Professor da PUC-RS, escritor

Ler o inesperado é um processo de desvelamento com sabor especial. Descobre-se o que poderia ter continuado oculto. Joyce Werres me pediu para prefaciar este livro, *Jung e os desafios contemporâneos*. O tema me pareceu tão desafiador que aceitei prontamente. Quando me vi diante dos capítulos de Renata Whitaker, Rose Barros, Fernando Massignan, Sílvio Lopes Peres, Gelson Roberto e da própria Joyce, respectivamente sobre a família, a sociedade, a política, a arte, os valores e o indivíduo, confirmei a intuição: trata-se de um manancial de informações riquíssimo. Mais do que isso, de um conjunto seminal de reflexões sobre o Ser e o Mundo. Ser no mundo. A figura de Jung é um poderoso atrativo. O livro vai além disso.

Uma citação de Jung feita por Joyce Werres abre caminho para todas as nossas inquietações: "Não sabemos nada sobre o homem, sabemos muito pouco. Sua psique deveria ser estudada, pois somos a origem de todo o mal vindouro". É esse "mal" que nos obceca. Esse "mal" que transborda nos atentados, nos massacres em escolas, nas crueldades cotidianas, em todos os tipos de assédio, na violência doméstica, no feminicídio, na desigualdade, na miséria, na corrupção, nos embates nas redes sociais, no ódio, na intolerância, no preconceito, enfim, no imaginário social. Por que cometemos o "mal"? Por que não conseguimos dominar nossos abismos interiores? Que forças subterrâneas nos impulsionam, dominam e marcam?

Michel Maffesoli, citado logo depois, observa que o "indivíduo pós-moderno não se define por seu *status* social ou profissional, seu nível econômico e de formação, mas essencialmente por sua relação com o outro". Eis o ponto: Onde foi parar a alteridade? Desapareceu ou se reinventou? Como nos comportamos diante desse outro quando ele se afirma na radicalidade da sua diferença inegociável? Como ficam o indivíduo e a família em tempos de imersão tecnológica total? Passar vinte horas por dia matando em *games* virtuais pode afetar negativamente a psique? Que caminhos o pensamento de Jung, com a sua abertura para o mundo sensível, abre ao ser pós-moderno em sua aventura de desconstrução de valores "naturalizados" de gênero e de papéis sociais mutiladores e preconceituosos? Há algo de novo no ar. O velho se recicla. O novo envelhece rápido. O desejo liberta e gera ansiedade. Tudo se confunde e confunde.

Este é apenas um prefácio, uma "orelha" com a intenção de ser um ponto de vista, a vista de um ponto, o olhar de um leitor antes dos leitores que mais importam, aqueles que comem o pão do conhecimento na solidão do apetite. O que esse olhar antecipado antevê? A satisfação de cada destinatário desta obra ao enveredar por seus caminhos, trilhas, vãos, desvãos, atalhos, abismos, itinerários, veredas, bifurcações.

1 O indivíduo

Joyce Werres

> *A vida é demasiado preciosa para ser esbanjada num mundo desencantado.*
> Mia Couto

Estamos vivendo, na época atual, um momento muito delicado nas relações do ser humano consigo mesmo e com seu contexto, no sentido mais amplo que isso possa ter. Em uma recente visita ao Museu do Amanhã, na cidade do Rio de Janeiro, me deparei com informações atuais, interessantes e preocupantes, acerca da realidade da ação do homem no planeta. Corriqueiramente temos acesso a todas as informações que estão expostas nesse museu, entretanto lá entramos em contato com essas questões de uma forma interativa e não há como não ser, profundamente, tocado. Trata-se da atividade humana no planeta e das nefastas consequências disso. O início da incursão pelo ambiente sensibiliza o espectador quando o leva a uma *viagem* que inicia com o *Big Bang*, passa pela formação da vida no planeta, chegando até os dias atuais e conduzindo à ideia de que somos todos feitos da mesma matéria. Faço esta breve introdução para expressar minha preocupação com a inconsciência do ser humano do século XXI sobre sua inserção no mundo em que vive. É como se seus atos não tivessem consequência. O pensamento é mágico e infantil, falta-lhe empatia.

O planeta, a alma do mundo, está em sofrimento e não há, de nossa parte, seriedade para lidar com isso. Questiono-me sobre a razão do pouco caso em relação ao ecossistema, de fato, à casa que habitamos. O que leva o homem à indiferença com o que acontece à sua volta? Por que nega o sofrimento no planeta? A relação entre o micro e o macrocosmo está dissociada? Jung nos ajuda a refletir quando afirma que "sem consciência, não existem problemas" (2011, p. 754).

> [...] parece até um alívio encontrar tanto mal nas profundezas da própria psique, pois, pelo menos, conseguimos descobrir aí a causa de todo o mal que existe na grande humanidade. Mesmo chocados e desiludidos a princípio, temos a impressão de que essas realidades psíquicas, precisamente por serem parte de nossa psique, são algo que temos mais ou menos na mão e podemos, portanto, controlar, ou pelo menos reprimir como convém. Se conseguíssemos isso – pelo menos admiti-lo já seria tão bom – estaria extirpada uma parte do mal no mundo externo (JUNG, 1993, p. 165).

Remeto, agora, o leitor para um pequeno parêntese histórico. Há bem pouco tempo o indivíduo vivia, arquetipicamente, funções reduzidas na sua atividade consciente, em relação ao momento atual. Do homem era esperado que fosse provedor, pai e marido. Da mulher era esperado que fosse mãe, dona de casa e esposa. Com a Revolução Industrial começaram a ocorrer modificações, que geraram novas necessidades e atitudes nos indivíduos. Houve a substituição do trabalho manual por máquinas. Essa substituição levou a um aumento na produção de mercadorias, que passaram a ser produzidas em grande escala. A nova atividade levou o indivíduo, nesse período, a uma atitude extrovertida, para que pudesse se organizar em torno de uma nova demanda. As mulheres tiveram que desenvolver uma habilidade a mais, pois se inseriram no mercado de trabalho e passaram a partilhar com o homem o sustento da família. Com isso, aos poucos, o homem precisou dividir com a mulher atividades domésticas, que não exercia antes. Novos fazeres, novas habilidades geraram resíduos arquetípicos, que ainda estão *instáveis* no ser humano atual. Atualmente o homem pode mostrar-se mais sensível e afetuoso, passou a ter um relacionamento mais íntimo com os filhos; mas, em muitos casos, mostra-se infantilizado. A mulher, antes submissa, tornou-se ativa, objetiva, mas muitas vezes animosa. Os arquétipos do masculino, do feminino, do pai e da mãe receberam novas informações, pela mudança no comportamento humano, e as mudanças que nossa sociedade sofreu nos últimos anos ainda estão sendo assimiladas pela geração atual. Houve um *opus contra naturam*, fez-se uma nova cultura.

Talvez essas novas imposições arquetípicas e culturais estejam dificultando, no sujeito do século XXI, o fazer alma, o viver *in anima*, tão enfatizado por Jung. O excesso de demandas no mundo externo dificulta, se não impede, o envolvimento com o trabalho no mundo interno. Há no humano atual, frequentemente, um sentimento de vazio e desesperança. As famílias, atualmente, estão estruturadas num contexto onde a demanda profissional é altíssima. Os pais mergulham em longas jornadas de trabalho, os filhos desde muito cedo são entregues aos cuidados das creches. E, assim que possível, começam a ser inseridos nos inumeros compromissos extracurriculares, que os pais julgam importantes, para que possam ir se preparando para o mundo competitivo em que se encontram. O convívio familiar, as brincadeiras de rua, as brincadeiras criativas das gerações anteriores cederam espaço para as telas, a internet e os *youtubers*. O pouco tempo que os pais passam com os filhos é compensado com a satisfação de suas demandas materiais, isto é, com o incentivo ao consumo. A consequência na educação dos filhos acarretou num distanciamento afetivo e na cultura das relações virtuais. O espaço criativo para o cultivo da alma cedeu lugar às exigências de uma nova cultura.

No outro extremo das relações familiares estão os idosos/avós, que em geral se transformam em um estorvo para essas, ocupadas, famílias. Sabemos que na velhice a energia psíquica não é muito investida no mundo externo. O ritmo é lento, os interesses e a conversa remontam ao passado, possivelmente como uma necessidade de avaliação da vida vivida. Como encaixar esses opostos, que deveriam ser complementares, que fazem parte de uma mesma família? Os asilos, as casas geriátricas têm recebido, progressivamente, mais procura para alojarem os idosos, pelo fato de as famílias pós-modernas não encontrarem espaço em suas rotinas para se ocuparem deles. Os idosos perderam o valor, afinal não produzem mais, nem são eficientes e, por isso, atrapalham a organização de seus filhos e netos. Distraídos da realidade da repetição, os filhos desses anciãos ensinam aos seus filhos sobre a descartabilidade das relações. Não é mais o afeto quem faz a mediação entre essas pessoas. Se não podem mais ser úteis, não servem.

Acredito que uma velhice saudável deve ser construída no decorrer de uma vida inteira. É a construção de uma vida criativa que garante uma velhice digna e rica. Os adultos de hoje, que estão imbuídos da eficiência, sem tempo para o cultivo da alma, terão uma velhice triste e vazia. Após a aposentadoria, desejada e, ao mesmo tempo, temida, cairão no vazio da vida que não usufruíram. O nefasto hábito da produção, consumo e culto à beleza abrirão um abismo de incertezas e frustrações, por tudo o que foi negligenciado no decorrer da preciosa vida. A velhice não pode ser construída quando já se instalou; é obra de uma vida inteira.

Além disso, o culto à imagem pode ser um motivador para o incômodo no convívio com os idosos. Há uma resistência dos adultos maduros em relação ao envelhecimento. As academias e as clínicas de cirurgia plástica têm sido bastante frequentadas, na tentativa de burlar a passagem do tempo. Quando falou sobre as etapas da vida humana, Jung enfatizou que na primeira etapa é esperado que organizemos nossas vidas no mundo externo. É preciso dar conta, de forma eficiente, das questões de ordem prática, como educação, profissão, casa, família etc. A segunda metade da vida é destinada à reorganização do mundo interno e à superação do passado. Portanto, percebe-se que há, no adulto maduro, um aprisionamento na eficiência e nos valores da juventude, destinados à primeira etapa da vida. Assim, a transição para a segunda metade vem sendo, perigosamente, retardada. Jung explica que quem não soube viver de forma psiquicamente adequada tem medo da morte. Isso justificaria a tentativa de retardar o envelhecimento e a repulsa aos idosos? Que fenômeno é esse que leva aos excessos, à unilateralidade e às negações que privam a alma do usufruto do equilíbrio com o que é natural? Para o autor, esse sujeito

> [...] não se libertou da infância, assim também agora se mostra incapaz de renunciar à juventude. Teme os pensamentos sombrios da velhice que se

aproxima, e como a perspectiva do futuro lhe parece insuportável. [...] o homem adulto recua assustado diante da segunda metade da vida, como se o aguardassem tarefas desconhecidas e perigosas, ou como se sentisse ameaçado por sacrifícios e perdas que ele não teria condições de assumir, ou ainda como se a existência que ele levara até agora lhe parecesse tão bela e tão preciosa, que ele já não seria capaz de passar sem ela (JUNG, 2011, p. 777).

Ainda como resultado das mudanças na sociedade pós-moderna, vemos que atualmente há uma busca intensa, e até um vício, pelas redes sociais. Não há barreira de idade, cultura ou *status* social. Nessa condição há uma tentativa de evitar a solidão, isto é, tem-se o bônus das relações sociais, sem o ônus do contato físico. É o isolamento real maquiado pela fantasia da intimidade. As redes sociais diminuíram distâncias, mas intensificaram o individualismo. As pessoas expõem suas rotinas, seus hábitos, seus humores, credos e pontos de vista e esperam, ansiosamente, que a imagem que tentam passar receba grande número de aprovações, por acreditarem que, neste ambiente, estão entre verdadeiros amigos. Não obstante à necessidade que temos do olhar do outro para podermos enxergar a nós mesmos, percebe-se uma grande insegurança e a necessidade de aprovação nessas incursões pelas redes sociais, bem como uma ênfase na *persona* em detrimento da alma. O que ocorre é um anseio pela intimidade e, ao mesmo tempo, uma dificuldade muito grande em lidar com ela.

Homens e mulheres têm optado por aplicativos para iniciarem um relacionamento amoroso. Um perfil é criado e começa a busca pelo parceiro ideal, tem-se aqui o surgimento do simulacro. Não é incomum que o início, o andamento, os conflitos do casal, bem como, o término do relacionamento, sejam acompanhados e comentados pelas centenas de *amigos* virtuais. Essas pessoas têm se contentado com o que parecem ser relações afetivas e sociais, sem saberem o que isso significa na realidade. Não tenho a intenção, de forma alguma, de obscurecer o valor do novo, da tecnologia, da modificação das questões obsoletas. Sei de alguns relacionamentos que se mostraram frutíferos nesse ambiente virtual. Mas ponho relevo aqui nas entrelinhas: Para a boa parte das pessoas, esse é um novo modo de estar em relação ou não sabem mais como fazer isso?

O *modus operandi* do ser humano atual é marcado por um embotamento afetivo, pela precariedade em atitudes empáticas e para o uso abundante das fantasias infantis. A cultura de consumo abarca todos os setores e impõe exageros, que crescem por se apresentarem como compensações para sanarem a falta de sentido. Há, também, uma grande intolerância à frustração e um excesso de subjetivismo acarretando numa *cegueira* psíquica quanto à percepção das necessidades do outro. As consequências da cultura imediatista mostram-se nas insatisfações nos relacionamentos e na busca por soluções mágicas. Os relacionamentos se desfazem com grande facilidade, já não há tempo a perder com situações que se tornam enfadonhas e não trazem mais prazer. Em seu livro *Amor líquido*, Bauman (2001) chama a atenção para a mudança nas experiências amorosas. O autor enfatiza que a abundância nos encontros eróticos tornou a experiência amorosa confusa. Talvez, acompanhando o comportamento da cultura de consumo, a experiência amorosa tornou-se descartável e vivida compulsivamente, que se traduz, segundo

Bauman, numa "exercitada incapacidade para amar" (p. 36). Para o autor:

> Amar significa abrir-se ao destino, a mais sublime de todas as condições humanas, em que o medo se funde ao regozijo num amálgama irreversível. Abrir-se ao destino significa, em última instância, admitir a liberdade no ser: aquela liberdade que se incorpora no Outro, o companheiro no amor. "A satisfação no amor individual não pode ser atingida sem a humildade, a coragem, a fé e a disciplina verdadeiras", afirma Erich Fromm – apenas para acrescentar adiante, com tristeza, que em "uma cultura na qual são raras essas qualidades, atingir a capacidade de amar será sempre, necessariamente, uma rara conquista" (p. 31).

Assim, fica exposto que para o exercício do amor é indispensável que as duas pessoas envolvidas estejam dispostas a encararem seus medos e enfrentem o desafio de não estarem no controle, para que desenvolvam a habilidade, ora perdida, da alteridade. No decorrer de sua obra, por diversas vezes Jung enfatizou a importância do outro no processo de individuação. Necessitamos do outro para percebermos a nós mesmos, necessitamos do outro para viver a alma.

Nesse cenário, quiçá por consequência, vemos que a incapacidade de lidar com a dor e a frustração tem levado muitas pessoas ao abuso de substâncias químicas, álcool, medicamentos e ao consumismo, que servem como subterfúgios para o extermínio do sofrimento. Vemos corpos sem alma, numa busca da saciedade das sensações para preencherem o vazio de suas vidas. A realidade revelada no Museu do Amanhã denuncia o espírito voraz de nossa época. Como inseto faminto, o homem destrói tudo à sua volta, insaciável, quer cada vez mais e mantém sua alma desnutrida. Nas palavras de Hollis (2005) "Metade do mundo é viciada em algo – poder, comida, riqueza, substâncias que prometem uma transformação" (p. 152). A alma precisa das experiências prazerosas que a vida oferece, mas também do sofrimento que a vida impõe. Os tombos e arranhões são tão importantes quanto as gargalhadas. Tentar renunciar a isso é condenar-se à unilateralidade e suas consequências paralisantes.

Há algo fora de lugar. Uma prova disso é a crescente produção de filmes e séries sobre zumbis, os mortos-vivos. Zumbi significa cadáver no idioma mitsogo, do Gabão, corpos sem vida, sem alma. A grande produção nessa área vem acompanhada por um forte interesse, do telespectador, no referido tema. Não será esse um reflexo da atuação do homem contemporâneo? Haverá, nesse sentido, uma identificação do telespectador com os zumbis? Ou, compensatoriamente, há uma busca, nesses personagens, pelo mistério e pela retomada da imaginação?

A resultante da relação do indivíduo hodierno com a do espírito da época enrobustece a *persona* e mingua a alma. Nessa proporção, aos poucos, ocorre um investimento maciço nas questões superficiais, impondo, ao indivíduo, uma incapacitação no aprofundamento em si mesmo e uma consequente perda da alma. Assim formam-se as legiões de nossos zumbis modernos, que desnutridos de sentido, buscam saciar sua *fome*, *sugando* a vida dos outros, postadas nas redes. Nutrem-se com discussões políticas e religiosas, bem como com questões superficiais do dia a dia, e sorvem, desavisados, uma falsa energia nos produtos de consumo. Apesar de, instintivamente, ter uma necessidade de buscar sua individualidade, de ser quem é, o sujeito vaga, desnorteado, pelo caminho de uma vida vazia. Por não estar envolvido com sua alma, o humano atual está imerso nas patologias do vazio. Suas angústias, carências, depressões, relações de dependência, têm feito pressão, causado desconforto, na tentativa de resgatá-lo da inconsciência e do vazio existencial. Afinal, toda a patologia é uma tentativa de cura.

Abro, aqui, um espaço para fazer referência a um tema atual, a ideologia de gênero, que tenta desvincular a sexualidade da realidade natural e prega a ideia de que *eu sou quem me percebo* (LAGE, 2017). Causou-me espanto saber que, em vários lugares do mundo, existe, atualmente, a transespécie, isto é, são pessoas que acreditam ser de outra espécie. Há relatos de gente que se percebe como gato, dragão, elfo, entre outros, e busca viver como se, realmente, fosse. No Canadá um homem de meia-idade, que fora casado por muitos anos e pai de família, passou a identificar-se como uma menina de 6 anos de idade. Hoje usa roupas infantis e passa seu tempo brincando e envolvido com seus pais adotivos (2015). Temos, também, os que *levantam a bandeira* do sexo intergeracional, ou seja, identificam-se com o gênero da pedofilia. Em 2006 foi fundado um partido nos Países Baixos, que tem como plataforma política a legalização da pedofilia e da pornografia infantil. O partido chamado Caridade, Liberdade e Diversidade diz promover a liberdade de expressão (2006). Juntando-se aos já citados existe o Nambla (sigla para North American Man/Boy Love Association – Associação norte-americana de homens e rapazes amantes), uma organização fundada na década de 1970 que faz parte do ativismo pedófilo e defende a pedofilia como forma de acabar com tabus na sociedade (2016). Na Suécia um partido político juvenil (LUF) busca legalizar incesto e necrofilia (2016). Na Espanha, uma conhecida ativista feminista publicou sua inconformação por não entender o que havia de errado em fazer sexo com um bebê morto (2017). No Canadá a Suprema Corte legalizou as relações sexuais entre humanos e animais (2016). No Brasil, foram encontrados cadáveres desenterrados e com suspeita de terem sido violados sexualmente (2015). Por todos os lugares do mundo estão espalhadas as piores perversões com o nome de ideologia de gênero. Uma ideologia que alude à ficção. O que, antes, era estabelecido como sendo natural, já não é mais. A natureza foi esquecida e transgredida. Esse é o retrato do indivíduo pós-moderno. Será esse o novo espírito de nossa época?

> O espírito da época não se enquadra nas categorias da razão humana. É uma propensão, uma tendência sentimental, que, por motivos inconscientes, age com soberana força de sugestão sobre todos os espíritos mais fracos de nossa época e os arrasta atrás de si (JUNG, 2011, p. 653).

Tudo está em excesso. Depois de nos especializarmos em produzir, passamos a consumir. No capítulo "O que é enorme é feio", do livro *Cidade e alma*, escrito há mais de vinte anos, Hillman (1993) já enumerava uma lista imensa de problemas que vivemos hoje em escala maior. Só para citar alguns que vêm ao encontro do tema aqui exposto:

> Explosão populacional. O crescimento dos subúrbios, quilômetros e quilômetros de sujeira urbana, cidades incendiadas, florestas incendiadas, falta de moradia e fome. Consumismo gigantesco. Lixo e mais lixo, peixes mortos, o céu morto e espécies raras em extinção *en masse* (HILLMAN, 1993, p. 142).

Segundo o autor vivemos em meio a enormidades que "reduziram nossa sensibilidade" (p. 142) e causaram, no ser humano, um entorpecimento psíquico e desta forma não é possível a percepção do belo. Continua dizendo que:

> Na ausência dos deuses, as coisas tendem para as enormidades. [...] Quer se manifeste nas imagens de corporações multinacionais, oceanos poluídos ou nas grandes variações climáticas, a imensidão é a confirmação do Deus ausente [...] sem os deuses os titãs retornam (HILLMAN, 1993, p. 144).

Notícias recentes, e abundantes, têm sido veiculadas pela mídia sobre os bastidores da Igreja. Um espaço que deveria estar destinado ao sagrado tem sido, em vários países, o palco para o sofrimento de centenas de crianças e adolescentes que sofreram e sofrem abuso sexual por parte de religiosos, integrantes das instituições católicas. Em que lugar foi esquecido o amor ao próximo? Deus foi morto pelos padres pedófilos? Os titãs se apoderaram dessas instituições, na ausência de Deus? Porém, tem-se encontrado algum equilíbrio nas palavras e atitudes do atual Papa Francisco, que diz: "Escutemos o grito das crianças que pedem justiça" e busca providências para lidar com o crime. Cabem aqui, as palavras de Marco Aurélio, citadas por Hollis (2005):

> Para aqueles que insistem: "Onde é que você já viu os deuses, e como pode estar tão certo da existência deles, para adorá-los dessa forma?" Minha resposta é: "Para começo de conversa, eles são perfeitamente visíveis aos olhos". Além disso, "eu também nunca enxerguei minha alma e, no entanto, eu a venero. Com os deuses também é assim; é a experiência que prova o seu poder todos os dias, e por isso estou satisfeito por eles existirem, e eu lhes presto reverência" (p. 154).

E Martha Medeiros acrescenta:

> Que honremos o fato de termos nascido, e que saibamos desde cedo que não basta rezar um Pai-nosso para quitar as falhas que cometemos diariamente. Essa é uma forma preguiçosa de ser bom. O sagrado está na nossa essência, e se manifesta em nossos atos de boa-fé e generosidade, frutos de uma percepção profunda do universo, e não de ocasião. Se não estamos focados no bem, nossa aclamada religiosidade perde o sentido (MEDEIROS, 2019, p. 26).

Estamos em *hýbris*. Tomamos o lugar dos deuses. Tudo pode ser um artefato de consumo. O hedonismo é cultuado em todos os setores da atividade humana.

A relação do ser humano com o meio ambiente, em cadeia, também está afetada. Na medida em que nos afastamos de nossa natureza, nosso envolvimento com a alma do mundo se inviabiliza. Desmatamos, depredamos, extraímos, matamos, causamos o mal e isso é tratado de forma, absolutamente, banal. Hannah Arendt cunhou o termo "banalidade do mal", quando se referiu às atrocidades cometidas por Eichmann na Segunda Guerra Mundial. Salvando as proporções, a responsabilidade dos males que, atualmente, causamos ao meio ambiente é transferida para a sociedade, o governo, o vizinho, os outros. Não se vê a motivação com uma responsabilidade individual, para a consequente responsabilidade grupal, numa mudança de atitude.

Ao olharmos para o indivíduo do século XXI não podemos deixar de examiná-lo em seu contexto atual. Ele reflete o mundo em que habita e este mundo é um reflexo dele próprio. Temos ouvido falar sobre o superaquecimento global, a extinção de algumas espécies, a liberação da caça e uma grande polêmica em torno da legalização do aborto. Apesar de existirem grupos que lutam e defendem, com bom-senso, a ecologia e o direito à vida há, por grande parte das pessoas, um descaso, e até uma vulgarização, com esses temas que tanto nos atingem. Afastamo-nos da natureza e de nossa natureza e o resultado disso tem sido devastador.

Em uma entrevista, o índio Kaká Werá diz que, para sua comunidade, a família é composta dos parentes consanguíneos e da natureza como um todo, o que os leva a estabelecerem uma relação de respeito e cuidado para com o meio ambiente. Acrescenta, ainda, que quanto mais o indivíduo tem consciência de si mais tem a percepção de que está inserido num grupo e num contexto. Para Kaká Werá a felicidade exige sintonia com a natureza. Estar em sintonia implica estar na mesma frequência, mas não é o que está acontecendo. O homem pós-moderno está alheio e dissociado da natureza, incluindo a sua própria.

O que está acontecendo com a psique? Onde está a capacidade de fazermos escolhas conscientes? Em uma entrevista Jung advertiu:

> [...] Porque precisamos de mais psicologia. Nós precisamos de um entendimento maior da natureza humana, porque o único perigo real existente é o próprio homem. Ele é o grande perigo, e lamentavelmente não temos consciência disso. Não sabemos nada sobre o homem, sabemos muito pouco. Sua psique deveria ser estudada, pois somos a origem de todo o mal vindouro (JUNG, 2015).

O ser humano está agindo sem bom-senso ou ponderação. A consciência individual está obscurecida. O indivíduo perdeu-se nos apelos do coletivo, mas mesmo mergulhado nele, permanece isolado do outro.

O indivíduo pós-moderno não se define por seu *status* social ou profissional, seu nível econômico e de formação, mas essencialmente por sua relação com o outro. É este relacionismo que constitui a característica essencial do *homo eroticus*: eu vivo e sinto pelo e graças ao outro (MAFFE-SOLI, 2014).

Cientes da importância dos mitos para o entendimento do comportamento humano, não podemos deixar de refletir sobre qual o mito está regendo o indivíduo do século XXI. Penso que o mito de Narciso reflete muito bem o comportamento do homem contemporâneo. Vivemos em nossas bolhas, nos preocupamos com os nossos problemas, estamos cegos para dor do outro e para alma do mundo; as questões que atingem a todos nós são tratadas de forma competitiva e leviana, como se as consequências fossem irrelevantes.

Vamos falar de Narciso, a começar pela etimologia. Temos em Narciso o elemento *nárke*, que, em grego, significa entorpecimento, torpor (BRANDÃO, 1987). Segundo o autor, Narciso está ligado à simbólica das águas, uma vez que floresce em lugares úmidos. Narciso foi amaldiçoado por Nêmesis, a defensora dos injustiçados, em benefício de vingar a sofrida Eco, a quem nosso personagem havia desprezado. Nêmesis o condenou a sofrer pela mesma dor que havia infringido a Eco, sofrer por um amor não correspondido. Essa condenação fez gancho com a profecia de Tirésias, que ao ser indagado por Liríope, sobre se Narciso teria uma vida longa, respondeu que: "se ele não se vir..." (BRANDÃO, 1987, p. 176). Como bem sabemos, a beleza incomparável de Narciso o leva ao triste fim, no encontro com a morte, quando vislumbra sua própria imagem no reflexo de um lago. Assim, temos na narrativa de Narciso o tema do amor frustrado. Amor, frustração e morte é a problemática que move a dinâmica narcisista. Conforme referido acima, Narciso está ligado à narcose, ao torpor. Sua mãe, uma ninfa; seu pai, um rio violento. Narciso é filho das águas, de pais inconsistentes, quase impalpáveis. É criado em meio à natureza. Não fez consciência de si, ou do outro. Narciso é impessoal, não se envolve e não percebe a realidade à sua volta, sua atitude é infértil. Extremamente vaidoso e consumido no solipsismo, Narciso encarcera-se em seu mundo privado e priva-se do contato com o mundo externo. Temos, no mito de Narciso, uma dinâmica de vida subjetivista, acompanhada por um ego frágil e vulnerável, resultando no comprometimento da construção de uma personalidade genuína.

> [...] vivemos numa sociedade que está se tornando cada vez mais narcisista. A libido é investida primordialmente na própria subjetividade. O narcisismo não é um amor próprio. [...] estabelece uma delimitação negativa frente ao outro em benefício de si mesmo (HAN, 2017, p. 9).

Para Jung,

> a personalidade é a obra a que se chega pela máxima coragem de viver, pela afirmação absoluta do ser individual, e pela adaptação, a mais perfeita possível, a tudo que existe de universal, e tudo isso aliado à máxima liberdade de decisão própria (1998, p. 289).

Maffesoli (2014) entende que "não se é aquele que se vê no espelho; mas, sim, aquele que se *reconhece* no olhar do Outro. É a alteridade que me faz existir" (p. 105). Nesse sentido percebemos o quanto o subjetivismo se opõe ao autoconhecimento e à possibilidade de uma ligação entre o eu e o outro, o eu e o mundo. Entrar em relação com algo ou alguém requer uma percepção do *não eu*. Relação refere-se a *levar consigo*, conforme a etimologia latina da palavra. Isso envolve uma proximidade, uma disponibilidade, uma abertura para dar lugar àquilo que não se refere exclusivamente às necessidades individuais. O autor nos auxilia no entendimento dessa ideia dizendo que é necessário

> [...] voltar às raízes, para identificar a linha de força que continua a atormentar o inconsciente coletivo. Assim, reconhecer que além de uma subjetividade mestra de si mesma e de seus atos, existe algo de mais profundo, que permite apreender, para além dos egoísmos, a permanência do elo social (p. 107).

Parece-me sensato pensar que Eros seja uma saída para Narciso. Aquele, como um princípio conectivo, faz uma quebra na cadeia subjetivista e ensimesmada deste. Quando Eros se faz presente a alma volta a sentir novamente o fluxo da vida. É Eros quem preenche o vazio existencial e refaz a ligação entre o eu e o sagrado. O problema do indivíduo contemporâneo é um alheamento a tudo que se refere ao envolvimento e à ligação com o que o rodeia. Essa atitude dessacralizou sua vivência. Vivemos apressados, estressados, absortos em nossas grandes-pequenas necessidades do que Han (2017) chamou de *o mero viver*, que se conflita com a ideia aristotélica do *bem-viver*. Para o autor, o ser humano tornou-se escravo do amealhar dinheiro e bens de consumo como valores absolutos e enfatiza que "permanecemos iguais e no outro só se busca ainda a confirmação de si mesmo" (p. 39). Dessa forma o narcisismo *deserotiza* a vida, fazendo com que a cupidez ceda espaço ao "conforto do igual" (p. 40).

Com perspicácia Hillman (1993) descreve a atividade do homem pós-moderno:

> O estresse é um sintoma titânico. Ele se refere aos limites do corpo e da alma, tentando conter o ilimitado titânico. [...] Podemos notar uma diferença entre titanismo e *hubris*. *Hubris* é o erro humano de esquecer os deuses. Quando esquecemos ou negligenciamos os deuses, passamos dos limites estabelecidos por eles aos mortais [...]. O titanismo acontece, portanto, no nível dos próprios deuses. Não somos titãs nem podemos nos tornar titânicos – somente quando os deuses estão ausentes o titanismo pode retornar ao mundo. Vocês compreendem por que devemos manter os deuses vivos? O "pequeno é belo" requer um passo anterior: o retorno dos deuses (p. 145).

Somos feitos, todos, da mesma matéria; assim como é em cima, também, é embaixo. A solução para o indivíduo pós-moderno está na reconexão com o sagrado, com a sua natureza e com a natureza. Na época em que Jung expôs suas ideias sobre o processo de individuação, apontou, com sabedoria, para a necessidade de um *opus contra naturam*, isto é, era impositivo a construção da cultura.

> [...] A eficiência, a utilidade etc. constituem os ideais que parecem apontar o caminho que nos permite sair da confusão dos estados problemáticos. Elas são as estrelas que nos guiarão na aventura da ampliação e consolidação de nossa existência física; ajudam-nos a fixar nossas raízes

neste mundo, mas não podem nos guiar no desenvolvimento da consciência humana, ou seja, daquilo a que damos o nome de cultura ou civilização (JUNG, 2011, p. 769).

Esse ponto de vista está correto, entretanto é necessário um equilíbrio entre a eficiência e a vivência, entre a produção e o fazer alma, entre a cultura e a natureza.

Hoje necessitamos de um *opus connexionem cum natura*, um trabalho para um reencontro com a natureza. Inequivocamente este é um grande desafio para o ser humano atual e, consequentemente, para as gerações vindouras. Muito provavelmente, as exigências da Pós-modernidade moldaram o humano subjetivista e isolado de hoje. Falei, anteriormente, sobre a forma como as famílias atuais tendem a se estruturar. Pais ocupados e estressados com atividades cansativas, comportando-se como zumbis, virando os dias eficientemente, sem que suas existências estejam supridas com algum sentido, não enxergam seus filhos e, frequentemente, entendem que suas necessidades estão satisfeitas, pois frequentam boas escolas e estão saciados nas suas demandas materiais. Estão desprovidos de Eros e repetem os dias afastados de suas almas. Esses filhos, não vistos, não conseguem reconhecer nem a si, nem ao outro e permanecem imersos em seu mundo privado, famintos de afeto e inábeis para as relações. Nesse desencontro com as figuras estruturantes, instala-se a projeção de mitos de poder em figuras públicas.

Maffesoli (2014) propõe um retorno ao *realismo*. Discorre, sugerindo que

> [...] para aprender a originalidade das novas formas de solidariedade, múltiplas manifestações da generosidade, da alquimia que age induzida pelo

> *benevolato* e outras atitudes criativas, não é, talvez, inútil purgar-se de nosso subjetivismo "nativo". Com efeito, é isso que machuca, o que fez a especificidade do pensamento ocidental e/ou moderno foi um subjetivismo impenitente. Sujeito isolado, mestre de si e do mundo por inteiro (p. 108).

A forma como o ser humano está estruturando sua vida – deixando as necessidades da alma para amanhã, enquanto *corre atrás da máquina* – denuncia a falta de contato com as questões mais prementes que o ligam a ela. Desconsiderando a inexorável limitação do tempo, adia a própria vida por optar pela eficiência sem alma e, vagueia pelas imposições da produtividade. O que enraíza a alma nesse mundo e faz com que a vida tenha sentido? Jung entende que é a escuta do inconsciente. Maffesoli aposta na criatividade, Hillman conclui que o fundamental é a imaginação.

Juremir Machado (2019) comenta o livro *Ecosofia* de Maffesoli e fala sobre a

> importância do mistério na existência de cada um de nós. Uma vida sem fantasia, transcendência, imaginação, imaginário e sonho é pobre. A tentação de tudo racionalizar produziu esterilidade e miséria existencial. Estamos novamente em busca de raízes e de natureza. Há décadas Maffesoli mostra que precisamos de vibração em comum, de convivência, de uma cultura do sentimento, de pertencer a alguma coisa intensa, de uma razão sensível, de compartilhamento de emoções e de transfiguração do cotidiano. Somos tribalistas, hedonistas, presenteístas, sedentos de calor social, de troca afetiva, de festa, de rituais, de sentidos duradouros ou provisórios e de comunhão. [...]

> Enfatiza a redescoberta da natureza, da terra-mãe, do "bio", do contato, virtual ou presencial, do místico, do fantástico do cotidiano, da importância de ocupar-se com aquilo que dá aura e significação ao fazer de cada um.

O leitor, por acaso, pressente a presença de Eros nessa citação? Certamente Maffesoli estava erotizado quando apontou para o que necessita o homem moderno, pois escreveu com o envolvimento da alma. O autor tece, com delicadeza, um retrato da necessidade de um retorno às raízes, da intimidade com o sentimento, do resgate do mistério e da imersão no sagrado para que haja a restituição do sentido de estarmos inseridos em nossas vidas. Afinal, o processo de individuação, ao qual Jung deu tanta importância, implica sermos plenos, profundos e conscientes; é a capacidade de reflexão sobre nossas mazelas e de escutar nossa profundeza e "deve levar a relacionamentos coletivos mais amplos e mais intensos e não a um isolamento" (JUNG, 2012, p. 758).

Evoluímos na ciência, na tecnologia, desbravamos lugares antes impensáveis. A inteligência humana realmente se expandiu! Somos, sem dúvida, os seres dominantes deste planeta. Mas o domínio conduz ao poder e distancia do amor. A soberania da inteligência não tornou o sujeito pós-moderno um ser humano mais íntegro.

> [...] um problema moderno é uma questão que surgiu, mas cuja resposta ainda está no futuro. [...] Deve-se entender bem que não é o simples fato de viver no presente que faz alguém ser moderno, pois neste caso tudo o que vive hoje seria moderno. Só é moderno aquele que tem profunda consciência do presente (JUNG, 1993, § 148-149).

Por essa ótica, nos tornaremos modernos na medida em que reaprendermos a enxergar a beleza que está a nossa volta, quando voltarmos a perceber o outro, quando estivermos atentos às consequências das escolhas que fazemos, quando nos colocarmos com empatia frente a cada coisa viva, que por hora desconsideramos. Refiro-me, sim, a viver *in anima*, movidos por Eros, tecelões do amor e da paz, sensíveis à dor do mundo, à dor do outro. Eros impõe envolvimento. Ele move as relações que ligam as partes cindidas em nós e promove a ligação entre tudo o que é vivo. Com Eros nenhum coração fica fechado, nem endurecido. Eros, sedutor da alma, garante a tessitura de uma existência profunda e amorosa.

O ser humano necessita adquirir e ampliar a consciência para que possa se responsabilizar por suas escolhas e ações. É fundamental que não dissocie a subjetividade da objetividade, o mundo interno do mundo externo para não cair no subjetivismo. Ao se referir ao trabalho clínico, Jung enfatizava que era a relação entre analista e paciente o que promovia a cura; que existiria, nessa relação, uma transformação em ambos, uma vez que um sujeito influi no outro. Sem óbice algum podemos estender a relação de cura para além da clínica, imaginando que a cura para a criatura humana está na direção do envolvimento com tudo o que a cerca. A história vivida da humanidade, que está gravada na psique objetiva, carrega toda a informação necessária para que uma leitura seja feita e que, dela, seja extraído o aprendizado a ser aplicado no momento atual. A reflexão e o trabalho psíquico nos dão condições de transformarmos a nós mesmos e de remanejarmos nossa atuação na vida e no mundo. Enquanto observamos as emergências do século XXI devemos nos portar como cidadãos

Jung e os desafios contemporâneos

deste planeta e fráteres de todos os seres vivos. Essa atitude, por si só, garante o envolvimento necessário para a promoção de uma modificação genuína e resoluta de nossa realidade.

Referências

APPLE, C. (2015). "Polícia investiga série de abusos sexuais de cadáveres no Paraná". *R7* [Disponível em https://noticias. r7.com/cidades/policia-investiga-serie-de-abusos-sexuais-de-cadaveres-no-parana-20062015 – Acesso em 10/11/2018].

BAUMAN, Z. (2001). *Amor líquido*. Rio de Janeiro: Zahar.

BRANDÃO, J. (1987). *Mitologia grega*. Vol. 2. Petrópolis: Vozes.

COUGHLAN, G. (2006). "Grupo que defende pedofilia cria partido na Holanda". *BBC Brasil* [Disponível em https://www.bbc.com/portuguese/reporterbbc/story/2006/06/060601_leiholandamp.shtml – Acesso em 10/10/2018].

DA SILVA, J.M. (2017). *Maffesoli e a sensibilidade ecosófica*. [Disponível em https://blogs.correiodopovo.com.br/blogs/juremirmachado/2017/03/9630/maffesoli-e-a-sensibilidade-ecosofica/ – Acesso em 19/02/2019].

HAN, B.-C. (2017). *A agonia do Eros*. Petrópolis: Vozes.

HOLLIS, J. (2005). *Mitologemas*: encarnações do mundo invisível. São Paulo: Paulus.

JUNG, C.G. (2015). "Face to face". *YouTube* [Disponível em https://www.youtube.com/watch?v=_K5Qe-XbAAw – Acesso em 16/01/2019].

_____ (2012). *Tipos psicológicos*. Petrópolis: Vozes [OC 6].

JUNG, C.G. (2011). *A dinâmica do inconsciente*. Petrópolis: Vozes [OC 8].

_____ (1998). *O desenvolvimento da personalidade*. Petrópolis: Vozes [OC 17].

_____ (1993). *Psicologia em transição*. Petrópolis: Vozes [OC 10].

LAJE, A. (2017). "Feminismo, ideologia de gênero e pedofilia?" *ACI Digital*, Lima, 04/05 [Disponível em https://www.acidigital.com/noticias/feminismo-ideologia-de-genero-e-pedofilia-especialista-explica-como-se-relacionam-24553 – Acesso em 20/10/2018].

MAFFESOLI, M. (2014). "O tripé pós-moderno é criação, razão sensível e progressividade". *O Globo*, 08/out. [entrevista a Fernando Eichemberg] [Disponível em https://oglobo.globo.com/cultura/livros/michel-maffesoli-tripe-pos-moderno-criacao-razao-sensivel-progressividade-14496249 – Acesso em 19/02/2019].

_____ (2014). *Homo eroticus*. Rio de Janeiro: Forense.

MALAGÓN, P. (2017). "El Estado subvenciona con 77.277 euros a una activista feminista que está a favor de la pedofilia". *Mediterráneo Digital* – Políticamente incorrecto, 21/mai. [Disponível em https://www.mediterraneodigital.com/sexo/s1/el-estado-subvenciona-con-77-277-euros-a-una-activista-feminista-que-esta-a-favor-de-la-pedofilia.html – Acesso em 10/10/2018].

MEDEIROS, M. "A vida é um presente, e desfrutá-la com leveza, é a melhor forma de agradecer". *Zero Hora* – Revista Donna, Porto Alegre, 02/03/2019, p. 26.

PANOFF, R. (2016). "Algo que você precisa saber: o Nambla e a política da pedofilia". *Medium*, 15/set. [Disponível em https://medium.com/@robertopanoff/algo-que-você-precisa-conhecer-o-nambla-e-a-pol%C3%ADtica-da-pedofilia-c99771640083 – Acesso em 10/10/2018].

R7 (2015). "Homem transgênero abandona família para começar vida nova como criança de seis anos de idade" [Disponível em https://noticias.r7.com/internacional/homem-transgenero-

-abandona-familia-para-comecar-vida-nova-como-crianca-de-seis-anos-de-idade-11122015 – Acesso em 19/02/2019].

TERRA (2016). "Suprema Corte do Canadá permite sexo entre pessoas e animais. *Portal Terra* [Disponível em https://www.terra.com.br/noticias/mundo/suprema-corte-do-canada-permite-sexo-entre-pessoas-e-animais,c3f6d3283a5626301e554a198d8fdb7e5yje0ur9.html – Acesso em 09/10/2018].

2 A família

Renata Whitaker Horschutz

> *Toda família possui uma alma, uma força maior, repleta de emoções e experiências intensas e marcantes. Respeitemos e reverenciemos cada uma delas, pois somente assim nos unimos à Grande Alma.*

Refletir sobre a biografia dos padrões familiares remete-nos a cenários muito complexos, pois são unidades emocionais que governam o comportamento e o desenvolvimento humano. Assim, por mais que ampliemos nosso olhar sobre eles, dada a sua profundidade e extensão, jamais os esgotaremos. Este capítulo, portanto, não tem a pretensão de abordar um estudo completo sobre o assunto, mas debruça-se sobre múltiplas nuanças que constroem a trama das relações familiares humanas.

A psique humana necessita se relacionar com o outro, de trocar experiências, conceitos morais e culturais, conhecimentos, ideias e sentimentos, num perpétuo aprendizado mútuo. A psique individual apoia-se e funda-se sobre a psique coletiva, arraigada em tempos remotos, por isso não pode ser alcançada somente por meio da consciência. A primeira

manifesta um conjunto de sensações, pensamentos, percepções, representações, imagens, ideias, reflexões, memórias e
fantasias, sendo alguns destes atributos experimentados ao
longo da existência, enquanto outros jamais compreenderemos
ou abarcaremos, pois estão além da nossa consciência. Não se
trata de uma visão preconceituosa, mas sim de um excesso de
informações que muitas vezes a nossa psique individual ainda
não teve tempo de assimilar e elaborar.

Precisamos nos lembrar que nos constituímos por meio
do outro, num processo mútuo de reconhecimento e diferenciação, fundamentais para o desenvolvimento da consciência.
Porém, com frequência resistimos ao reconhecimento no outro, não o aceitamos, desprezando-o, ou mesmo negando-o,
por desconhecermos o quanto ele nos reflete.

Quando nos isolamos em padrões conservadores, recusa-
mo-nos a admitir o novo e o diferente, toda a renovação intrínseca da vida, nos tornando rígidos e amedrontados, o que
nos impele a uma atitude defensiva e paralisante contra os
sistemas que desconhecemos, os quais julgamos e rotulamos,
fechando-nos para a imensa quantidade de informações que
surgem a cada momento.

Paradoxalmente, sendo seres gregários, precisamos de viver em comunidades e, sobretudo, de nos agruparmos em famílias, tornando-nos parte de uma psique coletiva, reflexo de
nossa necessidade de pertencimento. No entanto, esse comportamento instintivo propicia nossa evolução e consequente
transcendência da psique individual.

Este capítulo propõe ao leitor pensar nas dinâmicas familiares do século XXI, de maneira aberta e apaixonada. O
termo "apaixonada" remete-nos a uma das origens da palavra *"pathos"*, que na língua grega significa paixão, passagem,

aquilo que pede um movimento, em oposição ao significado de passividade e de enfermidade (patologia). Pretende simultaneamente trazer clareza mental e a percepção de que não devemos ignorar ou rotular determinados conteúdos psíquicos, desprezando-os e considerando-os anormalidades, pois psique é alma. Hillman, em seu livro *Re-vendo a psicologia*, cita Thomas Szasz, que trabalhou corajosamente para expor o dano político e social das classificações diagnósticas: "Classificar o comportamento é constrangê-lo" (apud HILLMAN, 2010, p. 144). Portanto, propomos um olhar generoso sobre as várias constituições familiares, como condições deste mundo terreno da nossa existência.

Para a alma tudo tem um lugar, pertence a um arquétipo, a uma forma mitológica. O vaso alquímico de cozer alma, o tear capaz de unir seus fragmentos numa trama única, aceitam tudo, sem preconceito, pois tudo pode ampliar a psique, constituí-la e construí-la. Precisamos questionar qual a porta que está aberta para a alma em nosso mundo contemporâneo, mudando tradições para que possamos continuar fiéis a ela, que se transforma ao longo do tempo, acompanhando a evolução da vida.

Essa mesma postura devemos manter com relação às profundas e por vezes radicais mudanças sofridas pelo universo familiar nos dias de hoje. Todo esse entrelaçamento de possibilidades de constituir famílias atual é igualmente parte de cada um de nós, pois todos somos parte deste tempo e cultura, por isso se faz tão importante o autoconhecimento nos dias de hoje. Sem ele podemos cometer graves delitos contra nós mesmos e os outros.

A origem da palavra família vem da Roma antiga, do latim *"familia"*, que significa "grupo de pessoas do mesmo sangue"

(CUNHA, 1982, p. 348). Durante a Antiguidade greco-romana, o homem detinha o poder, cabendo à mulher os cuidados com a casa e os filhos. O pai era a autoridade máxima dentro da família, podia castigar os filhos, e a mulher era totalmente submissa ao marido. A família constituía-se com o único fim de procriar, sendo os laços afetivos desconsiderados, fato que se estendeu até ao século XX. Antes, o casamento visava à procriação, bem como, no caso das classes privilegiadas, ao aumento de riqueza. É, portanto, recente o casamento por motivos amorosos, nos quais os parceiros escolhem-se livremente, motivados estritamente pelo sentimento. Essa conduta emerge com o surgimento do amor romântico, comum até meados no século XX, no qual há a exigência de exclusividade no relacionamento e um parceiro deposita suas projeções e expectativas afetivas sobre o outro, além de o homem ser o provedor e a mulher, domesticada.

Já no século XXI houve muitas transformações culturais nos costumes, hábitos e tradições da instituição familiar, pois o Estado, por meio de alterações legais, também passou a dar a sua proteção, gerando condições mais equilibradas entre os cônjuges e seus descendentes, diante do número crescente de separações de casais e da formação de novos tipos de famílias.

Hoje em dia há nos relacionamentos maior liberdade de ir e vir, de fazer programas e de ter amizades independentes do parceiro, surgindo assim a possibilidade de diferentes opções amorosas, aumentando o número de pessoas que escolhem viver o poliamor, as relações livres, o amor a três, ou seja, indivíduos que estão descobrindo novas formas de se relacionar afetivamente.

O conceito de família é agora um grupo de pessoas que se amam, aceitam e querem conviver, respeitando limites e tendo direitos e deveres mútuos, aceitando as diferenças e buscando desenvolver a tolerância, o perdão, a gratidão, a paciência, trazendo a possibilidade de os vínculos tornarem-se mais fortes. Entretanto, o fato de que nos relacionamentos afetivos contemporâneos há a possibilidade de se buscarem objetivos individuais, possuindo ambos os cônjuges carreiras próprias, gerou uma mudança de papéis dentro da estrutura familiar, cuja redefinição não é mais determinada pelo gênero. Assim, se o relacionamento não der certo por algum motivo, poderá ser dissolvido, o que faz com que muitos vínculos conjugais, apesar de serem relações abertas e livres, que se iniciam motivadas pelos sentimentos, paradoxalmente se tornem mais frágeis.

Porém, ainda que os parceiros dissolvam seu relacionamento, o mesmo não ocorre em relação às funções parentais, existindo, desde a década de 1990, no Brasil, a possibilidade de ser feito o exame de DNA que permite a identificação da paternidade. Qualquer criança nascida de uniões consensuais ou de casamentos legais pode ter garantidos seus direitos de filiação por parte do pai e da mãe. Observa-se um número cada vez maior de casais que se separam após o nascimento do primeiro filho e que formam outros núcleos familiares tendo mais filhos, por vezes até com parceiros do mesmo sexo, reflexo das muitas mudanças biopsicossociais que vêm ocorrendo.

É interessante pensar na família como uma árvore que nasce de uma semente, se enraíza, cresce com a força da terra, do sol e da água, fortalecendo o seu tronco e gerando seus galhos, folhas, flores e frutos. Cada árvore é única e requer um tempo de amadurecimento, assim como as pequenas partes que a constituem, as quais podemos por analogia considerar cada indivíduo que compõe a árvore familiar. A única coisa que todas as árvores têm em comum, assim como todos os organismos vivos, são as etapas do nascimento, desenvolvimento e morte, estando, portanto, sujeitos às mudanças e transformações impostas pela vida. Logo, o processo de constituir família não haveria de ser diferente. Este é o ciclo da vida: há um momento em que as mudanças acontecem, não é mais possível manter o velho padrão, fazendo-se necessário tomar novos rumos, respondendo aos anseios da alma, ainda que sejamos assombrados pelo medo e até o preconceito. A transformação e as novas conformações familiares se impõem. A vida é cíclica, assim como a psique, e exige a desconstrução, para dar lugar à renovação.

As múltiplas e profundas mudanças sociais dos últimos tempos deram à mulher um novo papel na sociedade e, consequentemente, na família. Ao adentrar o mercado de trabalho, adquirindo igualdade de direitos, exigiu do homem uma significativa participação na vida e educação dos filhos, bem como nas funções domésticas, não sendo mais o único responsável pela subsistência da família. As funções paternas e maternas transformaram-se, dando aos pais responsabilidade igualitária sobre seus filhos no que se refere à educação, cuidados e afeto. Hoje, ambos buscam maior consenso, solidariedade, liberdade, autonomia e igualdade de direitos. Porém, essa etapa será uma longa travessia até que a consciência da maioria das pessoas se desenvolva e consigamos atingir esses atributos tão belos de maneira hegemônica, transcendendo a psique atual.

Conforme foi mencionado, com a transformação da realidade social surgiram diversos novos modelos familiares, o que vem exigindo a criação de inúmeras alterações legais, visto que os matrimônios tradicionais ocorrem com menor frequência. Atualmente a configuração de uma família se dá pelo fato de pessoas habitarem o mesmo ambiente e pautá-lo no vínculo afetivo de amor e carinho, tendo como objetivo construir um lar e a busca da felicidade, bem como o desejo de partilhar a vida com outra pessoa. A Constituição Federal já reconhece esse agrupamento de pessoas como união estável, a qual configura uma existência familiar, com seus direitos e deveres, por vezes até mais complexos do que aqueles inerentes à família tradicional, no tocante a assuntos materiais.

A família é vista como a base de estruturação dos indivíduos, pois é responsável por proporcionar educação, saúde, proteção e lazer aos filhos. Através desse vínculo desenvolvido e da transmissão das tradições e costumes intergeracionais, a família irá atuar diretamente na sociedade, transmitindo os códigos morais e sociais, estruturando o caráter e consequentemente pautando o comportamento que o jovem adotará nesse ambiente.

Nos dias atuais, a ciência jurídica busca resguardar a família contemporânea, que não se restringe unicamente ao casamento, fazendo com que qualquer entidade familiar seja respeitada, sem levar em conta a forma como foi matizada e constituída.

Souza (apud DIAS, 2005, p. 39) sintetiza essa visão de forma precisa:

> Agora o que identifica a família não é nem a celebração do casamento nem a diferença de sexo do par ou envolvimento de caráter sexual. O elemento distintivo da família, que a coloca sob o manto da juridicidade, é a presença de um vínculo afetivo a unir as pessoas com identidade de projetos de vida e propósitos comuns, gerando comprometimento

mútuo. Cada vez mais, a ideia de família se afasta da estrutura do casamento.

Na contemporaneidade, podemos observar as seguintes possibilidades de famílias:

• *Família tradicional*: é constituída por adultos diferentes sexualmente, sendo um homem e uma mulher, e estes escolhem viver maritalmente e ter os seus filhos, que podem ser biológicos, ou adotados.

• *Família matrimonial*: formada pelo casamento, tanto entre casais heterossexuais quanto homoafetivos.

• *Família informal*: formada por uma união estável, tanto entre casais heterossexuais quanto homoafetivos.

• *Agregados monoparentais*: são famílias constituídas de apenas um adulto e seu(s) filho(s). Em geral essas famílias são formadas por uma mulher. Algumas situações vividas causam a monoparentalidade, como divórcio, separação, viuvez, ter um filho sendo solteira.

• *Famílias recompostas*: são os segundos casamentos que podem ocorrer por separação, viuvez e podem trazer filhos, ou não, do casamento anterior. O primeiro caso é a denominada *família mosaico*, pois pode incluir os descendentes de ambos os parceiros.

• *Coabitação*: é muito comum entre os jovens casais como uma experiência antes do casamento oficial.

• *Casais homossexuais*: são relações constituídas por casais do mesmo sexo que escolhem viver maritalmente.

• *Família anaparental*: família sem pais, formada apenas por irmãos. Prefixo *ana* = sem.

• *Família unipessoal*: formada por uma única pessoa: uma senhora viúva, por exemplo.

• *Família simultânea/paralela*: encaixa-se nos casos em que uma pessoa mantém duas relações ao mesmo tempo. Ou seja, é casado e também está em uma outra união estável, ou mantém duas uniões estáveis ao mesmo tempo.

• *Família eudemonista*: família afetiva, formada por uma parentalidade socioafetiva, ou seja, está unida pelo vínculo afetivo e psicológico de filiação, perante a sociedade e entre os membros da família, não se limitando a união a questões genéticas e biológicas. Exemplo: um pai que considera o filho de sua atual esposa como seu, independentemente de ter vínculo sanguíneo. O vínculo é unicamente pautado no afeto, amor e respeito recíproco constituído com o tempo. Esta relação é inclusive aceita juridicamente e equiparada ao vínculo parental biológico, visto que dela igualmente constam obrigações e direitos.

Nessas conformações familiares é possível inclusive que exista uma pluralidade de vínculos parentais, visto que podem existir os pais biológicos e os afetivos ao mesmo tempo, e é nesse ponto que surge a multiparentalidade.

Importante salientar que esses modelos familiares citados não esgotam as possibilidades de se compor e estruturar uma família na sociedade atual, porém precisamos lembrar que em paralelo a todos eles cresceu também a quantidade de divórcios e separações, assim como o nascimento de bebês gerados fora do casamento ou união estável, afetando diretamente a organização estrutural de cada pessoa. Nesse extenso e por vezes caótico novo universo familiar, temos ainda de acrescentar as novas possibilidades geradas pelos avanços vertiginosos da medicina reprodutiva, como descrevem Marques e Horta:

> Os avanços da medicina reprodutiva mudaram a forma de se conceber a maternidade e a paternidade,

> separando o parentesco sanguíneo, rompendo com o determinismo biológico. O fato de uma mulher gestar uma criança não significa que ela será a mãe, por exemplo. Com isso, há o surgimento da família artificial, com personagens que se distinguem em mãe biológica (mãe que "empresta" o útero ou doa os óvulos) exercendo a maternidade substitutiva e o pai biológico (pai que doa os espermatozoides) cumprindo a paternidade genética. Do mesmo modo, se estabelecem a mãe e o pai sociais, aos quais cabe exercer a atividade de maternagem com o bebê (MARQUES & HORTA, 2018, p. 33).

É de suma importância que a psicologia acompanhe as rápidas transformações que as pessoas e seus vínculos familiares vivem e experimentam, pois impactarão diretamente a estrutura social e, portanto, a nossa psique. Nesse ponto faz-se importante salientar que essas novas configurações familiares podem trazer algumas dificuldades relacionais e emocionais para os seus membros, tais como: funções parentais confusas, sentimentos de não pertencimento, de culpa, conflitos de identidade pessoal e familiar, que podem levar os filhos a agir de forma agressiva em relação aos pais, desrespeitando a hierarquia, consequentemente cada um na família deixa de ocupar o seu devido lugar o que causará o enfraquecimento de vínculos familiares importantes e estruturantes, como dos avós, tios, primos, e muitas vezes dos próprios pais, por exemplo em uma família em que o filho morava com o pai e a madrasta e, após a separação do casal, continua morando com a madrasta.

Os filhos, por desconhecerem os fatos, podem sentir e assimilar de maneira confusa e adoecida as dificuldades e problemas dos pais. A psique da criança, por falta de maturidade, é incapaz de lidar com essas questões, portanto esses conflitos podem vir à tona por meio de sintomas físicos e/ou psíquicos. A principal causa do desenvolvimento de uma neurose infantil está nos pais, conforme explica Jung:

> Para toda pessoa de responsabilidade moral, que ao mesmo tempo é pai ou mãe, esse fato representa um problema de certo modo amedrontador. Cada um logo compreende: aquilo que conseguimos controlar mais ou menos, isto é, a consciência e seu conteúdo, é, no entanto, apesar de todo nosso esforço, ineficiente quando comparado com os efeitos incontroláveis do fundo psíquico. Sobrevém a qualquer pessoa um sentimento de extrema incerteza moral quando se começa a refletir seriamente sobre o fato da existência de atuações inconscientes. Como então se poderá proteger as crianças contra os efeitos provenientes de si próprio, quando falha tanto a vontade consciente como o esforço consciente? Indubitavelmente será de grande utilidade para os pais saberem considerar os sintomas de seu filho à luz dos seus próprios problemas e conflitos. É dever dos pais proceder assim. Neste particular, a responsabilidade dos pais se estende até onde eles têm o poder de ordenar a própria vida de tal maneira que ela não represente nenhum dano para os filhos. Em geral se acentua muito pouco quão importante é para a criança a vida que os pais levam, pois o que atua sobre a criança são os fatos e não as palavras. Por isso deverão os pais estar sempre conscientes de que eles próprios, em determinados casos, constituem a fonte primária e principal para as neuroses de seus filhos (JUNG, 1998, p. 45, 46 e 84).

Não há famílias que não tenham as suas questões e dificuldades, umas mais emaranhadas do que outras, porém todas as dinâmicas, em constante transformação, como a própria palavra sugere, estão em movimento, portanto em desenvolvimento, e necessitarão de adaptações.

Vivemos em um tempo de livre-acesso à internet, o que facilita a troca sem restrições, visto tratar-se de um sistema democrático, ao qual todos têm acesso. Ela nos permite acessar outras culturas, histórias, antropologias, arqueologias, filosofias, psicologias, mitologias, diminui as distâncias entre as pessoas, ou seja, gera uma infinita rede de possibilidades de troca e de interposições, quebrando inclusive a barreira do tempo e do espaço, pois é possível se relacionar virtualmente 24 horas por dia, falar com pessoas que estejam em qualquer país, a quilômetros de distância.

O mundo virtual, quando bem utilizado, possui amplas funções: pode gerar apoio emocional, tornar-se uma companhia, estabelecer novos contatos, produzir informação, aprendizagem, além de oferecer serviços e facilitar a aquisição de bens materiais. Porém, a era digital também pode afetar a saúde do indivíduo e da família, diminuindo o convívio entre seus membros que, ao invés de conversarem e trocarem experiências, se isolam com seus celulares, tablets ou computadores, falando com pessoas que muitas vezes sequer conhecem, abrindo a possibilidade de surgirem mudanças e alterações nos valores, caráter e princípios que antes eram transmitidos pela família por meio do diálogo e convívio. O uso excessivo dos eletrônicos acaba, frequentemente, tornando-se um vício coletivo. É preciso muita sabedoria e controle dos impulsos para que isso não ocorra.

As mídias sociais vêm, assim, quebrando paradigmas e trazendo muitas alterações no contexto dos comportamentos relacionais humanos, possibilitando conhecer pessoas em diversos sites, salas de bate-papo e aplicativos de relacionamento. No entanto, a interação on-line esconde muitos perigos, como pedofilia, perversão, exploração sexual e dependência.

A prática sexual via internet, comum desde a década de 1990, chamada *cibersexo*, pode ser praticada entre pessoas que não se conhecem pessoalmente e também entre casais já constituídos, os quais relatam que essa vivência facilita a expressão de seus desejos e fantasias, além de ampliar o repertório relacional e a vivência de novas emoções. Há pessoas que dizem se sentir confortáveis com essa prática, dado seu caráter de anonimato e o distanciamento físico, o que para alguns é o suficiente para não caracterizar traição ao parceiro. Essas práticas estão igualmente trazendo mais transformações na conjugalidade, além de incentivarem os ideais igualitários entre homem e mulher.

O fato de que os diversos aparelhos eletrônicos permitem aos pais acompanhar o dia a dia das crianças, pode deixar a falsa impressão de que eles estão sendo devidamente vigiados e acompanhados, o que pode gerar o menosprezo da importância da presença dos pais para um desenvolvimento saudável da criança. Muitos filhos chegam a reclamar que seus pais não lhes dão atenção por estarem ocupados com seus celulares. Nem mesmo o horário das refeições em família é poupado pelo uso constante do celular. Assim, a utilização excessiva da tecnologia vai pouco a pouco consumindo o componente mais importante para o desenvolvimento cognitivo e psíquico de qualquer criança: o afeto.

Os álbuns de família, antes feitos com carinho e guardados como preciosidade, hoje, no mundo acelerado em que vivemos, foram parar nas postagens das redes sociais, onde as crianças passam a ser expostas. Muitos pais discutem os problemas dos filhos em grupos de aplicativos, redes sociais e sites. Antes o universo familiar era o lugar onde a intimidade era compartilhada. Porém, hoje isso acontece na internet, para todos verem. Muitas pessoas esquecem que o que é postado na rede não poderá ser retirado. O que hoje pode ser colado na rede, de maneira despretensiosa por um adolescente, no futuro poderá prejudicá-lo social e profissionalmente.

Todas as grandes mudanças que o universo familiar vem sofrendo, sobretudo nas décadas mais recentes, são certamente percebidas por muitos como estranhas, ou mesmo indecentes, ou até aberrações. Tal fato é inevitável, já que nossa tendência ao apego relativamente ao que nos é conhecido, aos condicionamentos recebidos e à herança cultural que nos é legada leva-nos a rejeitar o novo. Assim, para se discutirem os novos modelos familiares do mundo contemporâneo, há que ter presentes os modelos anteriores relativamente aos padrões antigos de religiosidade e moral, bem como de conformação social, para iniciarmos então o processo de aceitação do novo, com o consequente desapego das ideias antigas, das nossas crenças limitantes, dos nossos modelos aprendidos, e ampliar o nosso olhar de maneira global e transcendente às nossas limitadas convicções individuais, para que o bem comum seja a meta maior e não o bem-estar de um único indivíduo.

Se o mundo e a nossa sociedade são organismos vivos em constante modificação, tudo que escrevo e defendo hoje pode soar antiquado e ser ultrapassado daqui a alguns anos. Mas se estes pensamentos forem úteis para que outras pessoas possam pensar possibilidades e saídas melhores, visando a um mundo mais inclusivo para todos, atingirei meu objetivo.

Ao atender as pessoas no meu consultório, ouço muitas histórias e possibilidades que são únicas, porém paradoxalmente semelhantes a muitas outras, o que me levou a concluir que ninguém é totalmente inédito. Fazemos e sempre faremos parte de toda a humanidade.

A contemporaneidade tem imposto às pessoas uma vida acelerada, com muitas cobranças e objetivos a serem atingidos, o que as afasta e inibe a intimidade e a sexualidade por falta de convívio, comunicação, atenção e carinho. A constatação desses fatos, por meio de queixas cada vez mais frequentes nesse sentido, fizeram-me concluir que, quanto mais ampla for a nossa visão das possibilidades de compreender os cenários multicoloridos da alma humana, menos divergências teremos, pois maior será a integração das polaridades na nossa psique. Portanto, com uma visão mais transcendente teremos menos conflitos internos e externos, visto que ficaremos menos divididos e neuróticos.

Todos nós viemos de um pai e de uma mãe que trazem dentro de si a sua história e a de seus ancestrais, oriundas por vezes de culturas, países, continentes e religiões diferentes. As famílias carregam, portanto, muitas tramas, heranças psíquicas e materiais, segredos, histórias não reveladas ou parcialmente contadas, e tudo isso traz muitas consequências para seus componentes. Ao nascermos recebemos da nossa família as bênçãos e as maldições, a saúde e a doença, o feio e o bonito, os débitos e os créditos. Não há como nos desvincularmos da herança ancestral, a família sempre existirá dentro de nós. Mesmo que nos distanciemos dela fisicamente, emocionalmente a carregaremos, e se não resolvermos as questões conflituosas dentro de nós, repetiremos os padrões em todas as relações profundas que desenvolvamos e deixaremos para os nossos descendentes essa herança.

As famílias são, assim, fruto de legados, antepassados e suas heranças, desejos, guerras sociais e pessoais, mortes, perdas, doenças, promessas, questões financeiras, terras, laços de amizades, abusos, enganos, crenças, comportamentos, religiosidade, nível cultural e social, negociações, formas de trabalho e cooperação, dotes, aprendizados e, por fim, o mais importante, o amor, capaz de ser o elo que une todas estas questões e que faz a consanguinidade, em muitos momentos, falar mais alto que a lógica racional, pois a lógica da psique sempre tem e terá uma voz mais alta e firme.

Amamos verdadeiramente na aceitação das incompreensões. Conforme a nossa consciência se amplia, podemos amar nossa família, acolher suas diferenças individuais, aceitar as dificuldades, mesmo não concordando com algumas atitudes, todavia seremos capazes de escolher caminhos diferentes dos nossos ancestrais, sem romper com a família, e assim sermos movidos por forças internas que nos darão outras direções e paragens, transformando o futuro dos nossos descendentes.

Jung evidencia a questão da ancestralidade e da herança psíquica ao dizer:

> [...] na verdade, quase seria possível estabelecer a tese de que os verdadeiros geradores das crianças não são seus pais, mas muito mais seus avós e bisavós, enfim toda a sua árvore genealógica. É essa ascendência genealógica que determina a individualidade da criança de maneira mais eficiente do que propriamente os pais imediatos, que o são apenas de modo fortuito. Por isso também a

verdadeira individualidade psíquica da criança é algo de novo em relação aos pais, e não pode ser deduzida da psique deles. Ela é uma combinação de fatores coletivos, os quais na psique dos pais se encontram apenas potencialmente presentes, e em geral nem são observáveis. Não apenas o corpo da criança, mas também sua alma, provêm da série dos antepassados, no sentido de que ela pode ser distinguida individualmente da alma coletiva da humanidade (JUNG, 1998, p. 48 e 93).

As possibilidades de entrelaçamento familiar são imensas, muito maiores do que conseguiremos registrar e categorizar, e todos temos os nossos motivos e o de ninguém é melhor que o do outro. Todos esses novos paradigmas sobre as possibilidades de convivência humana nos desafiam, portanto confrontam e transformam a nossa sociedade.

A família é um sistema dinâmico, em constante transformação, que, por meio do afeto, da educação, de seu contexto social, econômico e político e de sua capacidade procriadora ocupa um lugar fundamental na sociedade.

Quanto mais nos conhecermos, mais amáveis e tolerantes nos tornaremos, melhor viveremos, gerando mais recursos materiais, cognitivos, psicológicos e espirituais para nós e nossos descendentes, criando recursos para melhor nos ajustarmos às novas configurações de papéis e divisões de tarefas. Assim nos fortalecendo, poderemos, mantendo a afetividade, a comunicação e a intimidade, bem como enfrentando as dificuldades e os conflitos relacionais de maneira harmoniosa, gerar novas famílias abertas para novas dimensões psíquicas, mais compassivas e empáticas, prontas para uma real inclusão: o puro dom do Si-mesmo.

Referências

CERVENY, C.M.O. (2011). *Família e...* narrativas, gênero, parentalidade, irmãos, filhos nos divórcios, genealogia, história, estrutura, violência, intervenção sistêmica, rede social. Itatiba: Casa do Psicólogo.

CUNHA, A.G. (1982). *Dicionário Etimológico Nova Fronteira da Língua Portuguesa.* Rio de Janeiro: Nova Fronteira.

DIAS, M.B. (2005). *Manual de Direito das Famílias.* 4. ed. São Paulo: Revista dos Tribunais.

ENGELS, F. (2006). *A origem da família, da propriedade privada e do Estado.* 3. ed. São Paulo: Centauro.

GLOBO CIÊNCIA (2013). "Criada em 1985, identificação por DNA permitiu exames de paternidade". 15/jun. [Disponível em http://redeglobo.globo.com/globociencia/noticia/2013/06/criada-em-1985-identificacao-por-dna-permitiu-exames-de-paternidade.html – Acesso em 10/02/2019].

HILLMAN, J. (2010). *Re-vendo a psicologia.* Petrópolis: Vozes.

HORSCHUTZ, R.W. (2009). Herança Psíquica. *Cadernos Junguianos* – Revista Anual da Associação Junguiana do Brasil, n. 5. São Paulo: Ferrari-Editora.

HORTA, A.L.M. & DASPETT, C. (orgs.) (2018). *Desafios no Trabalho com a Família da teoria à prática.* Curitiba: CRV.

JUNG, C.G. (1998). O desenvolvimento da personalidade. 6. ed. Petrópolis: Vozes [OC 17].

KERR, M.E. & BOWEN, M. (1978). *Family Evaluation.* Nova York: Norton.

ROCHA SANTANA, C.V.M.O. (2015). *A família na atualidade*: Novo conceito de família, novas formações e o papel do IBDFAM (Instituto Brasileiro de Direito de Família). Aracaju: Universidade Tiradentes [TCC].

SARAIVA, L.F.O. & MANDELBAUM, B. (orgs.) (2017). *Família, contemporaneidade e conservadorismo.* São Paulo: Benjamin.

3  As relações

Anita Mussi

Um dos maiores pensadores sobre a cultura atual, o Nobel de literatura Mario Vargas Llosa, em seu ensaio crítico sobre o que denominou de *civilização do espetáculo*, chama a atenção para o esvaziamento cultural, de modo a demonstrar que o fato ocorrido com as artes também aconteceu com o sexo. Segundo o autor, "*a civilização do espetáculo* não só deu um golpe fatal à velha cultura como também está destruindo uma de suas manifestações e êxitos mais excelsos: o erotismo" (2013, p. 93).

Jung (2005), ao refletir sobre o problema do amor, diz que o erotismo sempre será uma interrogação, independentemente das mudanças futuras; além de ressaltar que a natureza, tanto física quanto espiritual do amor, compreende que este só floresce quando espírito e instinto estão em sintonia. Quando falta um desses aspectos ocorre um desequilíbrio que, facilmente, se transforma em doença.

Sem dúvida, houve muita mudança e progresso na vida sexual no mundo ocidental. A maior liberdade e aceitação das diferentes formas de expressão do amor representam uma grande conquista. Em contrapartida, observa-se uma banalização do sexo e o desaparecimento do erotismo. Vargas Llosa (2013, p. 47) define o erotismo como "aquilo que transforma o ato sexual numa obra de arte, num ritual que a literatura, as artes plásticas, a música e uma refinada sensibilidade impregnam de imagens de elevado virtuosismo estético". É uma visão oposta do sexo fácil, sem amor e sem imaginação, que caracteriza a liberdade conquistada pelas novas gerações.

> O sexo puramente instintivo e animal desafoga uma necessidade biológica, mas não enriquece a vida sensível e emocional, nem estreita a relação do casal para além do embate carnal; em vez de livrar o homem e a mulher da solidão, passado o ato urgente e fugaz do amor físico, devolve-os à solidão com uma sensação de fracasso e frustração. [...] A atividade sexual, embora intensa e fonte maravilhosa de gozos, é limitada e, quando separada do restante das atividades e funções que constituem a vida de homens e mulheres, perde vitalidade e apresenta um caráter truncado, caricatural e inautêntico da condição humana. [...] O ideal nesse campo é que as fronteiras dentro das quais se desenvolve a vida sexual se ampliem o suficiente para que homens e mulheres possam agir com liberdade, despejando nela seus fantasmas, sem se sentirem ameaçados nem discriminados, mas dentro de certas formalidades culturais que preservem a natureza privada e íntima do sexo, de maneira que a vida sexual não se banalize nem animalize. Isso é erotismo (VARGAS LLOSA, 2003, p. 46 e 101).

Como observou a analista junguiana Marion Woodman (2006), homens e mulheres que estão presos de forma inconsciente em pulsões de poder não possuem liberdade pessoal, nem conseguem permitir que o outro tenha liberdade. Onde termina o amor começam o poder, a violentação e o terror, afirmou Jung (2005, p. 76). Na visão atualizada de Vargas

Llosa (2003, p. 102), "fazer amor em nossos dias, no mundo ocidental, está muito mais perto da pornografia do que do erotismo e, paradoxalmente, isso resultou como deriva degradada e perversa da liberdade".

Na sociedade moderna, o erotismo foi reduzido ao sexo; porém, para Jung (2005), essa é uma ideia tola que os homens têm; eros não é sexo, é relacionamento. Quando a vida sexual foi dissociada da vida espiritual, os afetos viraram sintomas e o amor uma ilusão neurótica. Sexo, portanto, não é sinônimo de intimidade, pode ser o contrário, conforme afirmou Hillman (1984, p. 117), "a relação sexual se torna compulsiva quando todas as outras formas de intimidade e relacionamento falham".

Essas relações sem Eros, baseadas no poder e controle, típicas da cultura patriarcal, produzem uma espécie de ansiedade generalizada, a qual não se reduz às questões de gênero. Homens e mulheres, filhos do patriarcado e herdeiros do cristianismo ocidental, independentemente das suas orientações sexuais, sentem-se confusos quanto aos seus sentimentos, que desconhecidos ou não compreendidos, projetam-se como um parceiro estranho na sua realidade externa.

Tal estranhamento mútuo, que envolve o problema do amor, tornou-se uma questão central na clínica das neuroses do século XXI, sendo fundamental para a sociedade compreender as relações humanas, uma vez que nelas reside a verdadeira força de transformação. Como ressalta Vargas Llosa (2013, p. 98), "para saber até que ponto é primitiva uma comunidade ou quanto ela avançou em seu processo civilizador nada é tão útil como perscrutar seus segredos de alcova e verificar como seus membros fazem amor".

Por meio da psicologia profunda, podemos compreender esse *daimon (eros)* e seus propósitos de transformação; embora, para Jung, Eros não pode ser entendido nem descrito, é um deus cuja divindade ultrapassa os limites do humano:

> Eu poderia tentar, como tantos outros antes de mim, aproximar-me desse demônio, cuja influência se estende dos espaços infinitos do céu até os abismos mais obscuros do inferno, mas falta-me coragem de procurar aquela linguagem que possa expressar adequadamente os ilimitados paradoxos do amor (JUNG, 2015, p. 33).

A impossibilidade de definir Eros, esse desejo incoercível dos sentidos, é representada pelo deus grego alado, o qual não se permite ser reconhecido nem aprisionado, como descrito no conto de fadas medieval de Apuleio, o filósofo herdeiro das ideias platônicas sobre o princípio do amor.

A vinculação erótica remete, portanto, à mística platônica, em que o amor (Eros) gera beleza, forma, vitalidade; por isso, na visão filosófica de Pondé (2017), a experiência do amor, além de sofrimento e dilaceramento, gera um desejo pelo mundo enquanto realidade a ser fecundada por aqueles que amam. Para ele, o amor é da ordem da saúde psíquica na medida em que predispõe a pessoa a investir na vida, trazendo fé e confiança e, quando correspondido, gera uma profunda sensação de força e generosidade. Ao mesmo tempo, aponta o medo do afeto como um dos maiores medos contemporâneos; pois, o amor é compreendido como forma de descontrole da vida.

A ambivalência é clara, ao passo que o amor regenera a vida a põe em risco em relação à ordem do mundo. Por isso, "amor não é para iniciantes, é para os corajosos" (PONDÉ, 2017). Assim como para Jung (2005), o amor é como Deus, só se oferece aos seus serviçais mais corajosos.

Em uma perspectiva fenomenológica, o erotismo constitui a essência paradoxal da desordem e nova ordem social. O princípio de Eros, o arquétipo da relação ou força primordial, emerge com a função de regulação psíquica capaz de redimir o medo das gerações herdeiras do patriarcado.

O sociólogo Michel Maffesoli (2014) também enfatiza esse movimento paradoxal denominado *ordo amoris*, a nova ordem social baseada no amor, na força das paixões, no erotismo como *élan* vital da vida pública e privada. De maneira que ressalta o papel que as emoções exercem em todos os aspectos da vida do indivíduo e, a importância dos sentidos na construção das relações, em que o corpo e o espírito estão presentes.

Para ele, não há diferença entre energia e amor: o que os eruditos chamam de energia, os místicos chamam de amor universal. Trata-se de uma visão erótica de mundo em que o desejo, a atração e as afinidades envolvem corpo e espírito.

Esse conceito emergente de *ordo amoris* faz ressurgir o romantismo como forma de vinculação natural da perspectiva da antiga sabedoria pagã, que preserva o mistério da unicidade de todas as coisas, e resgata o sentido do sagrado. A visão romântica do amor medieval, baseada na livre-expressão dos sentimentos, representa uma ameaça às hierarquias, à ordem e costumes, e considera o amor, na sua forma antissocial, uma das maiores forças de rompimento com o medo.

Assim, como esses pensadores buscam na cultura medieval inspiração para compreender o amor como o novo paradigma pós-moderno, em *O Livro Vermelho*, em seu diálogo interior, Jung reconhece que o progresso parece ter sido mínimo desde a baixa Idade Média. A partir dessa fase começa a estudar a teologia medieval, compreendendo que o retorno à Idade Média é um movimento regressivo ao inconsciente coletivo, que ocorre quando o caminho para frente não está livre e precisamos tomar algo do passado para podermos prosseguir.

O caminho de retorno à Idade Média remete ao movimento cristão em oposição às tradições pagãs baseadas numa visão politeísta mitológica, para a qual não havia a dualidade matéria-espírito. A partir do cristianismo se dá a dissociação do bem e do mal, a sexualidade se transforma na sombra da espiritualidade, e provoca sofrimentos profundos na alma de gerações de homens e mulheres. Esse amor ferido necessita de redenção.

Para compreender a importância do erotismo e como o arquétipo do amor molda nossa vida, tanto psicológica como espiritual, e o destino do indivíduo na Modernidade precisamos explorar o inconsciente mais profundo. Nas palavras de Jung:

> Vivemos numa época de conturbação e desintegração. Tudo se tornou problemático. Como costuma acontecer em tais circunstâncias, conteúdos do inconsciente forçam passagem para as fronteiras da consciência com a finalidade de compensar a situação de emergência. Vale a pena, pois, examinar minuciosamente todos os fenômenos-limite, por mais obscuros que possam parecer, a fim de descobrir neles os germes de uma nova ordem possível (JUNG, § 539, p. 186).

Na psicologia analítica, a observação clínica dos fenômenos psíquicos permite identificar que diante de um conflito, a energia psíquica retorna para o inconsciente em busca de imagens que apontem a solução. Conforme Jung descreveu na obra *Símbolos da transformação*, o movimento regressivo da libido é um processo que visa a transformação psíquica desde sua forma instintiva até sua manifestação espiritual.

O conceito junguiano de libido corresponde a um fenômeno energético comum aos instintos biológicos, que num movimento criativo ascendente se transforma em imagem até chegar à sua humanização. Essas imagens que emergem do inconsciente são representações das forças arquetípicas que promovem a cultura.

A libido não se reduz a sexualidade puramente genital, mas como compreendeu Jung, a energia psíquica é instintiva e espiritual, inclui o prazer e o desejo, o que impulsiona o indivíduo em busca da sua realização pessoal. O mito de Eros e Psiquê é uma das metáforas do processo de transformação da libido que corresponde ao tema da união dos opostos ou *Syzygias*, constituídas pela conjunção das energias masculinas e femininas da psique humana. A integração destes opostos: masculino/feminino; corpo/alma; instinto/espírito, é o princípio do conceito de individuação de Jung, como processo de busca da totalidade.

De acordo com Hillman (1985), a sizígia diz que onde for a alma vai também o espírito, e o trabalho é mantê-los diferenciados e ligados. Considerada a posição em termos da sizígia, reflete uma consciência "hermafrodita", na qual o Um e o Outro coabitam, *a priori*, todo o tempo; há uma duplicidade hermética e um acasalamento afrodítico que ocorre em cada evento.

A figura do hermafrodita descrita por Jung tem origem na ideia pagã da androginia de Cristo, no seu aspecto masculino e feminino, que unidos geram o Uno (o filho dos filósofos). Essa imagem alquímica representa o arquétipo do Si-mesmo na sua totalidade corpo-espírito. Na compreensão de Jung, o caráter sexual do símbolo hermafrodita dominou a consciência sendo interpretado como um ser híbrido. Essa visão dissociada do arquétipo, que resulta nas projeções inconscientes dos aspectos femininos e masculinos, é a tarefa que, segundo Jung (2007), os alquimistas não foram capazes de resolver pela impossibilidade do espírito da época de transpor o umbral do inconsciente.

Quando um conteúdo psíquico do Si-mesmo começa a emergir ele se divide em pares de opostos para que possa ser integrado à consciência, os aspectos que ficam no inconsciente são projetados no outro – *anima/animus*. O princípio primordial da erótica de Afrodite que se manifesta no par oposto em forma de atração sexual é o impulso de Eros em busca da realização psicológica, cuja satisfação está além do corpo.

> O caráter sexual desses conteúdos implica sempre uma identificação inconsciente do eu com uma figura inconsciente (*anima* ou *animus*). Isso faz com que o eu meio deseje e meio seja obrigado a tomar parte no hierogasmos, ou pelo menos acredite tratar-se simplesmente de uma concretização erótica (JUNG, 2007, § 534, p. 179).

A experiência erótica ativa os sentidos, o que faz sensibilizar e despertar o desejo de vida, o qual se manifesta por meio do relacionamento com o outro. O erotismo envolve a sensualidade e o prazer do contato com a pele, do gosto do vinho e do calor e beleza do fogo aceso na lareira. Eros é o prazer inspirador, filho da beleza afrodítica que provoca a paixão pela vida.

O mito de Eros e Psiquê para a psicologia junguiana, assim como o mito de Édipo para a psicanálise, é uma metáfora para a compreensão do movimento e sentido da força libidinal. Porém, a redução da libido à sexualidade, que motivou o clássico conflito entre Jung e Freud, ainda não foi superada pela psicologia moderna. López-Pedraza (2010) aponta a confusão entre o estudo da psique e o estudo da sexualidade, mostrando que dessa perspectiva os estudos de psicologia (psique) não se moveram além da primeira cena do conto, que começa pela identificação de Afrodite com Psiquê.

Esse mal-entendido que dá início ao mito pode ser compreendido como a percepção ainda indiferenciada da atração erótica, regida pela deusa do amor e da beleza. De acordo com o mito, Afrodite, conhecida como a deusa da beleza e da sedução, sente-se ameaçada pela presença de Psiquê, uma mortal de beleza divina. Para se vingar, envia seu filho Eros, o deus do amor, para amaldiçoar Psiquê; mas Eros também não resiste diante de tanta beleza e apaixona-se pela jovem, tornando-se seu esposo. Psiquê passa a viver ao lado do deus no seu castelo encantado, com a promessa de felicidade eterna, desde que a identidade do deus não seja revelada. Porém, Psiquê sucumbe a sua curiosidade e desconfiança. Eros sente-se traído e vai embora. Psiquê, em desespero, implora a ajuda de Afrodite para reencontrar seu amor.

A jornada de Psiquê (a alma) consiste em realizar as tarefas impostas pela poderosa deusa da beleza e mãe do amor que, psicologicamente, é a força arquetípica que impulsiona a alma (psique) em busca da sua realização. Quando o amor é incorporado à consciência, aumenta e transforma o potencial psíquico; ou seja, quando uma pessoa vivencia o belo e o amor, ela contribui para o tesouro arquetípico da humanidade. Essa é uma tarefa que pertence a cada um de nós.

Afrodite rege a sexualidade na dimensão instintiva e espiritual de preservação da vida. No seu aspecto apenas físico e inconsciente é considerado uma força vulgar, e a partir da presença de Psiquê, ela se torna a beleza na sua forma divina e transformadora, como descrita em *O banquete* de Platão.

Eros é o filho de Afrodite que, em *O banquete*, é exaltado como o mais antigo entre os imortais e, por isso, o mais honrado. Tem como principal virtude levar a felicidade aos homens. Felicidade essa que vem do belo e é o resultado da ação corretamente praticada que, por sua vez, depende mais da erotização da psique do que dos corpos. O Eros que erotiza pelo corpo mais do que pelo espírito é considerado vulgar e mau. Isso significa que a gratificação erótica é diferente da gratificação física ou material.

Afrodite vai se diferenciando e desenvolve-se mediante a relação de Eros com Psiquê. Este é o processo de *psiquificação* do arquétipo, de acordo com a teoria junguiana. Quando, porém, essa força de atração permanece indiferenciada, o amor se torna uma meta impossível. Psicologicamente, nesse contexto, o fato de a sexualidade ainda ser compreendida de forma literal demonstra o quanto ainda estamos inconscientes da nossa capacidade de relacionamento humano.

Provocada por Afrodite e flechada pelo amor de Eros, a alma humana, Psiquê, desperta e é motivada a lutar pela vida. O encantamento com a vida perfeita no castelo de Eros é na essência do mito uma maldição. A desconfiança de Psiquê é a expressão arquetípica da sua possibilidade de redenção; o que a faz romper com seu estado de inconsciência, uma vez que é humanamente impossível viver na perfeição. A curiosidade e a dúvida ativam o desejo de conhecer o outro e a si mesmo, de modo a gerar maior consciência nas relações.

Assim, como Psiquê, a princípio, somos tocados instintivamente pelo amor, em forma de paixão inconsciente, a qual se torna uma relação emocional a partir da consciência dos sentimentos, que emergem do chakra do coração, em que Eros, o amor que arde no peito, habita. Quando Eros vai embora, ele leva o coração consigo, por isso a falta de sensibilidade erótica, a perda do prazer, provoca sofrimento para o coração (COWAN, 2007). A relação sexual por si só não sustenta um relacionamento. A presença de Eros exige cumplicidade emocional, interesse mútuo e desejo de viver.

> Quando duas pessoas são levadas uma à outra, há sempre uma queda, um chamado ou impulso para a união com o desconhecido, que tanto pode ser celestial quanto demoníaco e que se torna conhecido e íntimo por meio dessa união. Mas existem outras maneiras, além da sexual, de se familiarizar e atingir a intimidade com o desconhecido (HILLMAN, 1984, p. 117).

Na visão junguiana, a sexualidade, personificada pela deusa do desejo e do amor, Afrodite representa o princípio da vida que, necessita ser incorporada, por meio de Psiquê (alma) em busca da sua transcendência. Eros é a energia que impulsiona a alma em sua busca de integração, é o afeto que sensibiliza o corpo e o espírito. As punições que Afrodite impõe a Psiquê representam os estágios da alma no seu processo de evolução por intermédio de Eros como caminho para alcançar o autoconhecimento. Eros é a força que fere e provoca sofrimento e, também, a força redentora que leva à transformação.

No conto de Apuleio, quando Eros retorna para resgatar Psiquê das sombras, não somente a alma humana é transformada, mas o próprio Eros, o amor, se transforma (NEUMANN, 1971); e demonstra o poderoso efeito da consciência nos relacionamentos. Na perspectiva da psicologia arquetípica, quando a alma sofre os deuses se humanizam, esse processo corresponde ao estágio alquímico da *coniunctio* ou de união do corpo e da alma.

Psicologicamente, a sexualidade representa apenas um dos lados da relação, cuja força de atração transcende sua função de satisfação biológica. A totalidade arquetípica abrange o caráter espiritual que é integrado na experiência do relacionamento, quando corpo e alma emergem juntos.

Do ponto de vista do mito, a integração entre o físico e o psíquico por meio da vinculação erótica, parece ser uma das tarefas culturais dos indivíduos do século XXI. Tudo que foi dividido aspira, profundamente, à reunião. É a ordem do amor! A distinção foi o final supremo da Modernidade. A fusão parece ser o vetor da Pós-modernidade (MAFFESOLI, 2014, p. 244).

> Homens e mulheres maduros da nova era serão unidos menos pela atração dos opostos do que pela sua humanidade em comum. Esta humanidade em comum não neutraliza a atração sexual. É muito mais uma unidade que provém de uma identidade profunda que necessita ser urgentemente compreendida (WOODMAN, 2006, p. 21).

Psicologicamente, precisamos realizar as tarefas que nossas vidas exigem de nós. Nossa alma precisa se mover, como no mito a força atrativa de Eros move Psiquê; ou seja, a energia inerente à psique impulsiona seu processo de transformação do físico para o espiritual. A atração que move os amantes precisa ser diferenciada e depois integrada de maneira consciente, transformando a excitação em êxtase e o prazer em amor.

A conquista do amor começa pela diferenciação entre a força de atração física e espiritual que une dois indivíduos na relação, sendo que uma não exclui a outra; ao contrário, encoraja a romper com as expectativas coletivas e motiva a busca de autoconhecimento e realização pessoal como caminho para a construção de um vínculo profundo entre o corpo e a alma. Essa é a experiência interior de Eros que, ainda, precisa ser compreendida. Eros é o deus pagão que tem a tarefa de unir o que o Logos cristão dividiu. Por esse motivo, o ressurgimento do paganismo como movimento de retorno aos instintos e raízes e a relação da natureza com Deus, representada pela ideia alquímica de *unus mundus.*

Em termos de relacionamentos, devemos honrar o trabalho de Psiquê a fim de superar esse período de dissociação cultural, e realizar a transição para a nova ordem espiritual. Em síntese, as tarefas de Psiquê simbolizam o processo de diferenciação da identidade dos parceiros que, inicialmente, encontram-se fundidos no estágio inconsciente de apaixonamento, o qual precisa ser ultrapassado a fim de chegar num nível mais consciente da relação. Nessa etapa, as projeções e fantasias sexuais são transformadas em símbolo, em imagens, em palavras, em poesia, o que transcende sua manifestação física e provoca uma conexão interior ou psíquica entre os parceiros.

Quando esse encontro acontece o relacionamento se torna vivo e dinâmico, e a intimidade profunda com o parceiro reflete a intimidade consigo mesmo. Como descreveu uma mulher, sua fantasia íntima favorita era ficar deitada ao lado do homem amado, cada um lendo um livro e, de vez em quando, fazendo uma pausa para compartilhar alguma passagem interessante. Isso é erotismo.

Como afirma Hillman (1984), converter fantasia em imaginação é a base de todas as artes; portanto, a arte da relação consiste na capacidade de cultivar a imaginação. Quando a sexualidade não é reduzida ao sexo, quando as fantasias não são literalizadas, o desejo ganha asas e as possibilidades de prazer se expandem.

De acordo com o mito, o último e grande desafio de Psiquê é descer até às profundezas do Hades, no Reino de Perséfone, onde está o segredo da beleza. Um relacionamento torna-se profundo quando se descobre a beleza interna; essa é a erótica de Perséfone, segundo López-Pedraza (2010), cuja imagética leva aos níveis mais íntimos da comunicação emocional erótica.

Uma relação superficial que reduz a beleza ao corpo torna o prazer efêmero, enquanto a beleza da alma torna o prazer sagrado. A última grande tarefa de Psiquê é encontrar a beleza de Perséfone, descobrindo o corpo psíquico e erótico em níveis mais profundos. Em *O banquete* de Platão, Diotima, na sua oratória, afirma que o belo é o destino de Eros, sendo que os homens só se erotizam pelo bem, porque o feio não se harmoniza com o divino. Assim, ao compreendermos que a intenção de Eros é gerar o belo, e que o belo liberta ao gestar o bem, poderemos considerar mais precioso o belo nas psiques do que o belo localizado no corpo. Segundo ela, essa é a importância de honrarmos Eros, o Amor que fecunda a alma que gera a consciência mais profunda.

O amor é a meta a ser buscada, é tarefa contínua; lembrando que no último ato do mito Psiquê fracassa e demonstra que é humanamente impossível chegar à perfeição e que a experiência da morte e da vida no relacionamento é sempre uma oportunidade para perceber se Eros, o amor, está presente ou não. Na relação entre duas pessoas, esse processo é circular, vivem-se cada etapa, da paixão à separação e a união, várias vezes ao longo de uma vida em seu amadurecer. Fracassar na relação é humano. Aceitar o belo é também aceitar o feio; só assim é possível descobrir a beleza do viver compartilhado e do verdadeiro prazer do amor. Eros é o dominante arquetípico do amor que move os corpos e aprofunda as relações.

Afrodite deseja a beleza, é a última exigência que faz a Psiquê; porém, curioso é o fato de que, justamente nessa tarefa, Psiquê fracassa, tornando-se inconsciente novamente. É quando Eros retorna para despertá-la e unidos geram Volúpia, "a filha de um viver psíquico erótico" (LÓPEZ-PE-DRAZA, 2010).

Esse momento mítico apoteótico, representa psicologicamente a sensualidade amorosa que envolve corpo e alma no encontro entre dois seres humanos, cuja experiência pode ser simbolizada pelo "beijo que comove o corpo emocionalmente" (LÓPEZ-PEDRAZA, 2010). Esse é beijo do amor que desperta a princesa adormecida ou liberta o príncipe sapo amaldiçoado; um beijo muito diferente do beijo vazio que satisfaz as *personas* da *civilização do espetáculo*.

Neumann (1971), ao relacionar o mito de Eros e Psiquê à mística platônica diz que o fruto do desejo de Eros é "conceber e dar à luz a beleza", e o "portar um filho misterioso" torna tanto o corpo como a alma prenhes pela sua presença, uma gravidez que testemunha a presença e atuação de Eros.

Aquilo que nasce como a filha no mito de Psiquê é algo que transcende o psíquico, é uma realidade dos sentimentos, uma situação metapsíquica que se constela na união da Psiquê humana com o parceiro divino (NEUMANN, 1971, p. 111).

Compreendendo esse fato arquetípico de modo humano, o nascimento da filha Volúpia representa a emergência de uma nova consciência, baseada na integração do masculino e feminino, na psique de homens e mulheres. Esse é o último estágio da *coniunctio* ou união dos opostos, ilustrada na alquimia pela imagem do hermafrodita.

Jung, ao abordar a psicologia da transferência, baseada nas projeções inconscientes que ocorrem nas relações, compreende a natureza do hermafrodita ou bissexualidade do homem primordial, como sendo a meta da *opus* ou individuação. É a imagem do Si-mesmo na sua totalidade; enquanto ser humano mais abrangente, que alcança o intemporal, corresponde à ideia do homem primordial, que é perfeitamente redondo e bissexual, pelo fato de representar uma integração recíproca do consciente e do inconsciente (JUNG, 2007, p. 176).

Segundo Edinger (2008), a imagem do *filius philosophorum*, ou Pedra Filosofal, descrita como corpo consciente eterno é também chamada pelos alquimistas de Filha, como referência a *multiplicatio*, ou ideia de que a Pedra Filosofal tem o poder de multiplicar a si mesma.

> Isso me diz que toda vez que um indivíduo conseguiu, em alguma medida, estabelecer uma relação com o *Self*, essa relação tem uma tendência de ser contagiosa, de afetar outras pessoas, de se multiplicar. É claro que ela tem de encontrar matéria que esteja aberta para recebê-la, para que a *multiplicatio* aconteça (EDINGER, 2008, p. 121).

A imagem da Filha como fruto do trabalho de individuação é particularmente essencial, como símbolo do princípio feminino da psique que emerge liberando as dinâmicas de novos padrões de relacionamento, o que supera a dominação masculina patriarcal. A consciência feminina também é representada pela imagem do andrógino, base da relação entre iguais, do senso de cooperação, da sensibilidade estética e dos sentimentos e emoções; resultado da união entre o masculino e o feminino dentro de cada indivíduo de ambos os sexos, o que possibilita a transição para uma nova ordem social, politeísta e democrática.

O feminino na psique é o inconsciente corporal, ou corpo sutil como denominou Jung, por meio do qual nos relacionamos com nós mesmos e com os outros. E a realidade psíquica, a qual não pode ser descrita ou explicada pelo intelecto, só pode ser vivida no corpo erótico de um relacionamento. A voluptuosidade, de acordo com López-Pedraza (2010), é filha de um viver psíquico; é o produto da união de Eros e Psiquê que, da perspectiva do paganismo, representa as possibilidades de vida que não conhecemos em absoluto, ou seja, o mistério inefável que só se revela mediante experiência pessoal.

A sexualidade em si é fisiológica e impessoal; enquanto um relacionamento envolve a conexão entre matéria e espírito, e exige uma abertura da consciência para o mundo interior, como caminho para a verdade pessoal de cada indivíduo numa relação de troca criativa em direção ao casamento sagrado, ou união dos opostos em cada um. A conexão íntima e profunda entre dois seres humanos é uma experiência mística que transcende o sentimento consciente, representada no conto pela cena final do banquete nupcial no Olimpo, quando o casal se torna imortal.

> O banquete de Eros e Psiquê me parece com a graça que nos acontece em algum momento, um minuto de balance psíquico visto por meio da psicologia arquetípica. [...] Nesse instante de equilíbrio, máxima aspiração do viver, parece que nossa experiência interna e externa tivesse uma determinada ordem arquetípica. E nesse banquete nupcial todos os deuses estão convidados e ocupam seu lugar, há harmonia e uma beleza únicas, só concebidas pela alma pagã, dentro de uma riqueza que não tem iguais (LÓPEZ-PEDRAZA, 2010).

Essa concepção do erotismo como retorno às raízes pagãs é um caminho de resgate da potência do amor na sua totalidade – corpo e espírito, como representada por uma das obras mais importantes do poeta William Blake, *O casamento do céu e do inferno*, cuja visão é sem sombra de dúvida vinculada à tradição céltica (BLAKE, 2017).

Na cultura celta, o mundo exterior e interior é um só, não há dualismo entre o visível e o invisível, entre a terra e o céu; a alma está no corpo e anseia por reconhecimento. Esse desejo íntimo se revela nos relacionamentos como oportunidade de vinculação com as possibilidades apaixonadas dentro de nós. Em um mundo no qual o computador substitui o encontro humano, o relacionamento, infelizmente, tornou-se um centro vazio em torno do qual o desejo solitário vasculha em busca de calor e vinculação (DONOHUE, 2000).

Por isso, a intenção aqui é imaginar, por meio do mito de Eros e Psiquê, o movimento erótico da alma na sua busca de reconhecimento, uma vez que a ideia de alma foi banalizada na sociedade do espetáculo. Para o povo celta, a intimidade é uma experiência sagrada da alma, e a alma é reservada; não gosta de se expor ao olhar voyeurista de uma cultura de néon (DONOHUE, 2000).

Como no mito grego de Eros e Psiquê, na mitologia celta a lenda de Diarmuid e Grainne retrata a imagem do desamparo que acompanha a busca pelo amor, demonstrando que as paixões dissolvem a racionalidade e revitalizam a alma, como no poema de Goethe "Abençoada aspiração":

> Não conte a ninguém mais, somente aos sábios
> Pois a multidão zombará em uníssono
> Desejo louvar o que está inteiramente vivo
> O que almeja flamejar em direção à morte

Quando a calma envolve as noites de amor
que te criaram, onde tens criado
Um sentimento do Desconhecido aproxima-se
furtivo de ti
Enquanto a serena vela arde
Não mais permaneces preso
No penumbroso desalento
Estás agitado e novo, desejas
Ascender à criatividade mais elevada
Nenhuma distância te faz ambivalente
Avanças com asas, encantado
Em tamanha ânsia pela luz
Tornas-te a borboleta reduzida a nada pela chama
Enquanto não viveres isto
Morrer é tornar-se novo
Permaneces um hóspede melancólico
Na terra escura.

Não foi o sexo que ficou reprimido na sociedade moderna, mas o erotismo como expressão da paixão e relação com a vida em todas as dimensões existenciais. Na perspectiva do paganismo celta, a paixão criativa que envolve o corpo e o espírito nos conduz para limiares supremos de renovação; é o caminho para a nova ordem do amor que converte o medo em coragem, o vazio em plenitude e a distância em intimidade. Trágico é evitar as profundezas e permanecer nas relações superficiais da *civilização do espetáculo*.

Referências

BLAKE, W. (2017). *O casamento do céu e do inferno e outros escritos*. Porto Alegre: L&PM.

EDINGER, E.F. (2008). *O mistério da coniunctio*: imagem alquímica da individuação. São Paulo: Paulus.

HILLMAN, J. (1985). *Anima*: anatomia de uma noção personificada. São Paulo: Cultrix.

_____ (1984). *Uma busca interior em psicologia e religião*. São Paulo: Paulus.

JUNG, C.G. (2015). *O Livro Vermelho*. 4. ed. Petrópolis: Vozes.

_____ (2007). *Ab-reação, análise dos sonhos e transferência*. 5. ed. Petrópolis: Vozes.

_____ (2005). *Sobre o amor*. Aparecida: Ideias e Letras.

LÓPEZ-PEDRAZA, R. (2010). *Sobre Eros e Psiquê*: um conto de Apuleio. Petrópolis: Vozes.

MAFFESOLI, M. (2014). *Homo eroticus*: comunhões emocionais. Rio de Janeiro: Forense.

NEUMANN, E. (1995). *Amor e psique*: uma contribuição para o desenvolvimento da psique feminina. 10. ed. São Paulo: Cultrix.

O'DONOHUE, J. (2000). *Anam Cara* – Um livro de sabedoria celta. Rio de Janeiro: Rocco.

PLATÃO (2009). *O banquete*. Porto Alegre: L&PM.

PONDÉ, L.P. (2017). *Amor para corajosos*. 2. ed. São Paulo: Planeta.

VARGAS LLOSA, M. (2013). *A civilização do espetáculo*: uma radiografia do nosso tempo e da nossa cultura. Rio de Janeiro: Objetiva.

WOODMAN, M. (2006). *O noivo devastado*: a masculinidade nas mulheres. São Paulo: Paulus.

4  A educação

Rosa Brizola Felizardo

> *O resgate da ética, o desenvolvimento do profundo senso de responsabilidade do indivíduo em relação aos seus semelhantes, ao mundo, ao cosmo, serão consequências naturais da educação centrada no princípio da totalidade.*
> I. Pereira & M. Hannas.
> *Educação consciência.*

A sociedade atual está em constante mudança. Juntamente com o desenvolvimento tecnológico e científico, está havendo modificações também nos valores humanos e no modo de vida dos indivíduos. Essas transformações revelam que, o dinamismo da atualidade unido a falta de clareza dos padrões a serem atingidos (metas), provoca todo o tipo de instabilidades. Vivemos tempos líquidos como nos ensinou Zygmunt Bauman. Desde o mercado financeiro e a meteorologia até as questões emocionais mais subjetivas das pessoas, tudo se encontra em constante alteração.

Yuval Harari (2018) afirma que a mudança é a única constante em nossos dias. Nossas antigas narrativas estão ruindo e nenhuma nova surgiu para substituí-las. Como preparar nossos filhos diante de tanta transformação e incertezas radicais? Uma criança nascida hoje terá 30 anos em 2050. Para ser cidadão do século XXI, o que deve ser ensinado? O que o ajudará a sobreviver e progredir no mundo que encontrará? Quais habilidades essenciais? Não temos hoje essa resposta. Mas temos uma previsão: viverá mais mudanças.

A ansiedade, a rapidez e a pressa estão vorazmente instaladas em nossas vidas gerando uma profunda falta de tempo e espaço para nos relacionarmos conscientemente com os detalhes, o sensível, o silêncio e a reflexão necessária para o amadurecimento de nossas ideias e ações no cotidiano. E esse ritmo veio para ficar.

Frente a essa nova realidade, os quadros de desequilíbrio emocional são cada vez mais comuns, e com eles o uso de medicamentos relaxantes, estimulantes, antidepressivos e outras drogas parecem fazer parte da "dieta normal" de todas as pessoas, em todas as idades! O que será que esses novos comportamentos expressam? Terão os nossos corpos e almas perdido a sua capacidade homeostática de funcionar em equilíbrio? Temos consciência de como estamos vivendo? É preciso parar, aquietar-se, observar e refletir profundamente sobre estas questões! Ainda que o planeta nos esteja pedindo respostas com a máxima urgência! Cabe aos cidadãos responder às questões impostas. E, entre eles, os educadores precisam trazer essa reflexão para a vida escolar de suas comunidades e assim questionar como ela está inserida no contexto social acima descrito, se vem agindo ou mesmo se não vem agindo, frente a essas mudanças. Já em um primeiro olhar se vê que as estratégias do século XX, não mais são viáveis.

A educação que se originou em Comenius, no século XVI e foi viabilizada legislativamente no final do século XVIII, foi se articulando nos 200 anos seguintes para hoje nos dizer que não mais responde aos desafios de nossos complexos tempos pós-modernos. Muitas estratégias já foram elencadas em um sem número de propostas pedagógicas. Elas vão desde a noção clara da necessidade de educação de qualidade e para todos até o conhecimento das inteligências múltiplas e mesmo da inteligência emocional. Ainda assim, na prática cotidiana, não é difícil perceber o quanto os principais atores sociais diretamente envolvidos, alunos e professores, têm ainda revelado alto grau de dificuldade em vivenciar os processos de ensino-aprendizagem, da educação básica até a universitária, parecendo sofrer, sobretudo, de uma perda de sentido de suas experiências educacionais. Sentem-se confusos, exauridos e tensos frente à realidade que se lhes apresenta tão caótica, instável e sem significado. Atingindo ao modelo, no caso da realidade brasileira, tanto as instituições públicas como nas privadas.

Ainda que se conheça, na atualidade, com utópica alegria, experiências de sucesso em alguns poucos países, que puderam não sem muito trabalho e investimento encontrar seus caminhos, surge a necessidade de responder a algumas perguntas: Como encontrar os objetivos da escola no século XXI? Qual o impacto das tecnologias e da teoria da informação em nossas vidas? Que lugar ocupa a educação no imaginário dessa sociedade? Para onde nos dirigimos enquanto sociedade e planeta? E por fim, como romper com o paradigma que não mais nos representa e preparar gerações para o incerto mundo de um 2050 que nos aguarda ali na próxima esquina?

É preciso antever um caminho que traga possibilidades pessoais, sociais e pedagógicas que possam contemplar tanto a produção do conhecimento, que é função da educação, quanto o desenvolvimento de habilidades que permitam a inserção em um globalizado e conectivo mundo real, capaz de gerar a construção de uma vida de tal complexidade onde estejam contidas as necessidades objetivas, subjetivas, solidárias e sustentáveis. Para o meu bairro, sua cidade, nosso país e planeta de todos nós. Começamos aqui a antever uma mudança que já chegou. Educação de qualidade e para todos é uma questão emergencial de todos os habitantes do nosso planeta!

Peter Schwartz (2003), presidente e cofundador da Global Business Network, uma empresa mundial de pesquisas e consultoria sobre planejamento para o futuro, vem ao nosso encontro para esclarecer que, primeiro, vivemos num mundo de surpresas; segundo, sempre houve momentos de caos e incerteza no mundo, contudo hoje não são mais exceções e sim a regra. E por fim, ainda existem certezas, fatos e fatores que não deixarão de existir, e a partir deles é possível reagir, conviver com esta tensão, e assim lidar com as surpresas mesmo não conhecendo previamente todas as suas consequências.

Muitas são as surpresas inevitáveis que nos traz Peter Schwartz e sem dúvida todas estão relacionadas entre si, contudo, no escopo desse pensar vamos elencar aquelas que se nos afiguram imprescindíveis à compreensão de uma educação do século XXI.

1) aumento consistente na expectativa de vida das pessoas;

2) necessidade de aprendizagem ao longo da vida, pois as pessoas viverão mais e melhor permanecendo lúcidas e criativas;

3) haverá aumento e aceleração da mobilidade das pessoas, as migrações serão cada vez maiores;

4) crescimento exponencial do conhecimento, determinando que haja cada vez mais conceitos e procedimentos que deverão ser aprendidos e desaprendidos ao longo de toda uma vida;

5) aumento exponencial das comunicações, por custos cada vez menores;

6) aumento das interdependências: cada ponto do planeta estará cada vez mais associado a outros, por diversos mecanismos.

As seis surpresas inevitáveis acima descritas modificam diretamente o lugar das pessoas no mundo e o tipo de educação que passam a necessitar se modifica também. Estabelecem direções nas quais se pode pensar e agir, se não sucumbirmos à negação das mesmas em virtude de uma atitude de pessimismo de que nos adverte a educadora Cecília Braslavsky (2003). Ela chama essas crenças paralisantes de previsões ou profecias descartáveis. São tendências de padrões econômicos, políticos e sociais, que parecem inevitáveis, contudo, em realidade, dependem de qual será a ação humana diante deles, pois podem ser modificados por essas ações. Dentro de uma perspectiva ética preocupada com a paz, a justiça e o desenvolvimento sustentável, as três profecias mais importantes são segundo a autora:

Profecia desigualitária: O acirramento das desigualdades não é o efeito de um desenvolvimento natural, e sim produto de uma quantidade de decisões que podem ser alteradas pela ação humana coletiva. A educação de qualidade e para todos é a principal forma de enfrentamento e mudança dessa "profecia".

Profecia guerreira: Sustenta a inevitabilidade e aumento da violência, seja no interior dos grupos ou mesmo de guerras planejadas, quando na verdade ela é produto de uma organização social que pode ser substituída por outras configurações. Entre elas uma educação de qualidade.

Profecia apocalíptica: Sustenta que o meio ambiente será destruído. E que os recursos naturais vão se extinguir em 30 anos. Isso realmente ocorrerá se não houver uma mudança nos padrões de consumo, especialmente dos indivíduos que vivem no Hemisfério Norte. Não é tarefa fácil, porém não é impossível. A construção de uma certa qualidade de educação para todos é um dos níveis de ação que podem agir sobre esta previsão. A autora afirma:

> [...] uma educação de qualidade é aquela que permite que todas as pessoas aprendam aquilo que é necessário para se beneficiar das surpresas inevitáveis e para as previsões e profecias descartáveis. Em outras palavras, trata-se de formar pessoas que possam distinguir melhor entre o que pode acontecer, e o que se deseja estimular, e aquilo que está acontecendo e que se apresenta como *natural*, quando na realidade são tendências que poderiam ser evitadas (BRASLAVSKY, 2004, p. 10).

A educação, como resposta às mudanças sociais, pode criar por meio de ferramentas analíticas e afetivas, uma ampliação da consciência acerca do mundo em que vivemos e a partir dessa ampliação construir novas profecias onde estejam vivas e atuantes as possibilidades de explicar a sua própria vida e o mundo; a autoestima e a empatia; a possibilidade de realizar projetos; o domínio das capacidades necessárias para concluí-lo e as estratégias para relacionar-se com os demais de maneira saudável.

Várias são as contribuições da psicologia analítica de Carl Gustav Jung para a temática da educação. Ainda que a maior parte de suas conferências específicas sobre o tema seja do início do século XX, seu profundo conhecimento da alma humana, aliado à sua sensibilidade e cosmovisão, foi capaz de, em sua obra *O desenvolvimento da personalidade*, datada de 1923, nos surpreender por sua precisão pedagógica. De início já nos lembra que é na criança em idade escolar que se dá o maior desenvolvimento da consciência, e que cabe aos educadores agir como facilitadores deste processo. A consciência de si e do mundo é vista por ele como fundamental para a formação do eu, tirando o homem de um estado primitivo, onde só há inteligência por instinto, e levando-o a uma consciência civilizada, produtora de cultura. Questiona se ao chegar na idade adulta somos realmente personalidades desenvolvidas, ressaltando que o melhor método de ensino é o exemplo dado pela personalidade do professor. E diz:

> De acordo com a verdadeira finalidade da escola, o mais importante não é abarrotar de conhecimentos a cabeça das crianças, mas sim contribuir para que elas possam tornar-se adultos de verdade. O que importa não é o grau de saber com que a criança termina a escola, mas se a escola conseguiu ou não libertar o jovem ser humano de sua identidade com a família e torná-lo consciente de si próprio (JUNG, 1986, p. 107-108).

O educador não poderá jamais deixar de alimentar-se de todos os meios que possam fazer se renovar ativamente sua cultura geral, sob a ameaça desastrosa de fatalmente passar a "corrigir nas crianças os defeitos que não corrigiu em si mesmo" (JUNG, 1986, p. 110).

Dedicar plena atenção a si e assim tornar-se capaz de ouvir o outro, não são mais simples formas de qualificação profissional. Passam a ser atitudes indissociáveis da tarefa educativa. O mundo exige a presença de uma capacidade criativa nas relações. Não há lugar para posturas estáticas, precisamos ser o modelo da mudança que desejamos ensinar.

O analista junguiano, Walter Boechat, em seu artigo "Pedagogia criativa", nos traz que o lento desdobrar-se da individuação, processo de tornar-se uma personalidade mais plena, começa desde os primeiros meses de vida e vai até o final da vida. Da mesma forma, o processo pedagógico de aprendizagem para a vida e para si mesmo tem lugar do início da vida até a morte.

Uma pedagogia dita junguiana, compreende os processos de aprendizagem como contínuos e dinâmicos. A visão integradora e unitiva dessa proposta vê o ser humano como uma totalidade indivisível, e a partir disso, logicamente, deve ampliar os objetivos da educação para o homem e o mundo.

Propõe como um ponto-chave em uma proposta de pedagogia criativa: o rompimento da díade de poder professor-aluno, buscando uma relação democrática, igualitária e dialética onde o professor irá sempre se descobrindo eterno-aprendiz, e o aluno encontrará sua conexão com o "mestre interior", vivendo o processo arquetípico de busca do conhecimento. Percebe-se assim, uma total relação entre ensino e individuação, entre aprendizado e autoconhecimento, entre pedagogia e maturidade pessoal para a vida. O humano, este ser em movimento constante, aprende sempre, e a complexidade de suas experiências, acrescidas das aprendizagens que realiza, contribuem para a sua humanização e sua ação na construção cultural do mundo onde vive. No território da educação, precisamos facilitar a construção de uma consciência pessoal e ainda lembrar que há um inconsciente pessoal e coletivo, e que é preciso dar vazão às múltiplas expressões da alma, entendendo que o aprendizado é um processo de conexão único e singular para cada ser e sua comunidade.

Para dar sentido aos processos educativos, articulando os saberes tanto concretos como simbólicos desse fazer, os instrumentos de autoconhecimento, expressão, reflexão e aglutinação precisam ser utilizados pela imaginação, pela sensibilidade e por nossa capacidade de trabalhar com método, felicidade, disciplina e perseverança.

A recuperação de um olhar poético para a alma pela via do sensível possibilita que o sentido das ações se revele. Para o educador Rubem Alves (2005), a capacidade de ver, o olhar poético, é o sentido a ser recuperado, para que possamos saber o que realmente se passa no mundo. Segundo ele, se os educadores induzirem as crianças a verem o encantamento das coisas à sua volta, construirão um mundo bem melhor. E acrescenta ainda a ideia de que não adianta tentar provocar a inteligência dos alunos com conteúdos fixos e sem vida. "Se o sonho não existe, é inútil dar ordens à inteligência. Ela não obedece" (ALVES, 2005, p. 19).

A necessidade de integrar os saberes científicos, ditos solares, aos saberes intuitivos, os lunares. Só assim poderão o ensino e a aprendizagem ocorrer de modo significativo. Nas palavras de Paul Taylor:

> O saber solar é brilhante, científico, verificável, objetivo, preciso, metodológico e conceitual, mas não representa a totalidade do que sabemos. Isso

porque sempre sabemos muito mais do que sabemos dizer. Saberes lunares é a imagem usada para identificar o que sabemos, mas que permanece inominado, às vezes inominável. Eles são os saberes do grande sofrimento, da dor profunda, da falta angustiante, da miséria e, também os da grande alegria, do êxtase, do amor, de todos os momentos de um prazer inexprimível (TAYLOR, 2003, p. 65).

Jung, no seu paradigma simbólico, inclui a arte, a mitologia e as religiões nos seus estudos da psique, propondo que o conhecimento da alma, além de incluir a ciência e seus avanços práticos, também tem de trabalhar com o mistério e o desconhecido para abranger a totalidade do fenômeno anímico. Sua proposta é a reunião entre *mythos* e *logos* para abarcar o todo. O pensamento mitopoético, presente na linguagem da psique, pode fabricar conhecimentos pela reunião e composição de restos díspares e aparentemente desconexos do mundo existente, dando-lhes unidade num novo sistema explicativo, no qual adquirem significado simbólico.

A Arte-educação é uma disciplina que vem se mostrando aliada de uma proposta sensível e, como toda arte, visionária. Um de seus importantes autores, o inglês Ken Robinson (2006), reafirmou já há muito tempo a urgência de uma profunda mudança no ambiente escolar e apontou, por meio de uma visão para além de seu tempo, alguns desafios e caminhos importantes, tanto no âmbito individual como no coletivo. São eles:

Individualmente

• a evidência da criatividade, enquanto instinto básico de todo ser humano;

• a observação de que, todo ser humano tem seu talento;

- a predisposição das crianças em assumir riscos;
- a verificação de que a inteligência humana é múltipla e dinâmica.

Coletivamente
- a educação é um tema arquetípico enquanto experiência básica e comum de construção da identidade;
- ensinamos para um futuro imprevisível;
- a criatividade nos dias de hoje é tão importante quanto a alfabetização e não recebe a mesma atenção;
- os diplomas não têm mais o valor que possuíam há 30 anos, porém continuamos ensinando como se assim fosse.

O desafio que ele nos apresentava já no início da década de 1980 era o de ser inevitável investir naquilo que chamou de ecologia humana, acreditando que somente no reconhecimento e no cuidado com a "riqueza das capacidades humanas" e seu "dom da imaginação" poderemos garantir um futuro sustentável (ROBINSON, 2006).

Do despertar do espírito de Sócrates à teoria das inteligências múltiplas de Gardner ou ainda as revelações mais atuais da neurociência e da tecnologia, um consenso parece haver de que a escola é um local onde se pode criar ninhos para a alma, usando uma expressão de Roberto Gambini para se referir ao fato de que um efetivo relacionamento humano somente se dá, em uma atmosfera propícia, onde não se encontre aridez, frio, ou inércia. Ele nos pergunta:

> Além dos conteúdos curriculares determinados pelo Ministério da Educação, que flexibilidade poderia haver nas escolas para que cada professor, sintonizado com aquilo que está conste-

lado no inconsciente grupal, transmitisse exatamente o tipo de conhecimento demandado por aquela situação subjetiva inconsciente? (GAMBINI, 2000, p. 106).

O autor entende que, se assim fosse, a educação favoreceria o processo, "atuando positivamente sobre a formação da sensibilidade, do imaginário, da dimensão poética e da criatividade" (GAMBINI, 2000, p. 107).

Aqui, a psicologia analítica do psiquiatra suíço Carl Gustav Jung dá as mãos à pedagogia do mestre educador brasileiro Paulo Freire. Em *Pedagogia da autonomia*, Freire (1996) nos provoca a refletir e nos ensina amorosamente, trazendo as exigências que considera fundamentais para a ação educativa, real e transformadora em qualquer tempo.

Destacamos algumas delas. A primeira nos diz que, ensinar exige querer bem aos educandos. Essa abertura significa que a afetividade não me assusta que não tenho medo de expressá-la. Seriedade docente e afetividade não são incompatíveis. Significa minha disponibilidade à alegria de viver. Quanto mais metodicamente rigoroso me torno na minha busca e em minha docência, mais alegre e esperançoso me sinto. Nesse sentido nos traz que ensinar exige alegria e esperança. Esperança de que professor e alunos juntos podem aprender, ensinar, inquietar-se, produzir e também resistir aos obstáculos. O ser humano é um ser naturalmente esperançoso. A esperança crítica é indispensável à experiência histórica que só acontece onde há problematização do futuro. Um futuro não determinado, mas que pode ser mudado.

E de forma complementar nos esclarece ainda que ensinar exige reflexão crítica sobre a prática, para que saibamos que não é possível que se dissocie o movimento arquetípico, dinâmico e dialético entre o fazer e o pensar sobre o fazer. É fundamental que o aprendiz saiba que deve superar o pensar ingênuo, assumindo um pensar complexo e refinado produzido por ele próprio, juntamente com o professor formador. Devendo ainda, neste caminho, reconhecer o valor das emoções, da sensibilidade, da afetividade e da intuição.

Por meio da reflexão crítica sobre a prática de hoje ou de ontem é que se pode melhorar as intervenções futuras e promover uma ampliação de um estado de curiosidade ingênua para um estado de curiosidade epistemológica. E só assim, diz ele, decido, rompo, opto e me assumo consciente e comprometido.

A reflexão permanente em torno da prática pedagógica como um método capaz de qualificar o exercício consciente do ensinar e do aprender. Por meio do conhecer-se, do avaliar as situações com cuidado, do observar os detalhes e da abertura para testar hipóteses, os educadores e educandos estarão aptos a transformar as suas realidades.

É preciso ter a coragem de perceber e reconhecer a profundidade envolvida quando o tema é educação, assumindo-a como compromisso de toda uma sociedade. Diz a poesia de Madalena Freire:

> **Vida de educador**
> Educador
> Educa a dor da falta
> A dor cognitiva
> Educando a busca de conhecimento
>
> Educador
> Educa a dor do limite
> A dor afetiva
> Educando o desejo

Educador
Educa a dor da frustração
A dor da perda
Educando o humano, na sua capacidade de amar

Educador
Educa a dor do diferenciar-se
A dor da individuação
Educando a autonomia

Educador
Educa a dor da imprevisão
A dor do incontrolável
Educando o entusiasmo da criação
(FREIRE, 2010, p. 31).

Na certeza da mudança, já sabemos que os paradigmas que nos deram uma suposta compreensão do mundo já não nos acompanham na jornada que trilhamos hoje, ainda menos nas necessidades que teremos num futuro próximo. Nosso momento histórico demanda uma reconceituação do significado da prática educativa. As administrações políticas e educativas têm escolhido oferecer estreitas soluções técnicas, concebidas de maneira distorcida. São soluções triviais e politicamente seguras que se revertem somente em um pesado custo humano que ignora a complexidade do universo onde estão o homem e o mundo. A necessidade de uma exploração do significado da existência humana, a compreensão da nossa relação com o cosmo, nossa compreensão da verdade, aliados na busca do significado da justiça social em um mundo interdependente, poderá nos guiar ao encontro do significado de comunidade, de racionalidade, da nossa relação com o mistério, com a consciência do outro e a natureza de uma democracia. Retornamos, assim, aos quatro pilares básicos propostos pelo relatório da Unesco para a educação do século XXI: aprender a conhecer aprender a fazer, aprender a viver juntos e aprender a ser.

Referências

ALVES, R. (2005). *Educação dos sentidos e mais*. Petrópolis: Vozes.

BOECHAT, W. (1998). "Propostas para uma pedagogia criativa". In: *Simpósio da Associação Junguiana do Brasil*, 6.

BRASLAVSKY, C. (2005). *Dez fatores para uma educação de qualidade*. São Paulo: Moderna.

FREIRE, M. (2010). *Educador*. São Paulo: Paz e Terra.

FREIRE, P. (1996). *Pedagogia da autonomia*: saberes necessários à prática educativa. São Paulo: Paz e Terra.

GAMBINI, R. (2000). "Sonhos na escola". In: SCOZ, B. (org.). *Por uma Educação com alma*. Petrópolis: Vozes.

HARARI, Y. (2018). *21 lições para o século 21*. São Paulo: Companhia das Letras.

JUNG, C.G. (1986). *O desenvolvimento da personalidade*. Petrópolis: Vozes [OC 17].

PEREIRA, I. & HANNAS, M. (2000). *Educação consciência*: fundamentos para uma nova abordagem pedagógica. São Paulo: Gente.

ROBINSON, K. (2006). *Escolas matam a criatividade?* [Disponível em https://www.ted.com/talks/ken_robinson_says_schools_kill_creativity/transcript?language=pt-br> – Acesso em 10/10/2008].

TAYLOR, P. (2003). "Que pedagogia para que liberdade? Um argumento freireano para uma pedagogia do carinho". In: TRINDADE, M. (org.). *Compartilhando o mundo com Paulo Freire*. São Paulo: Cortez.

5  A sociedade

Rose Mary Kerr de Barros

> *O que é real? Como se define o real? Se estamos falando do que podemos sentir, do que podemos provar, do que podemos cheirar e ver, então, o real é simplesmente uma série de sinais elétricos interpretados pelo seu cérebro.*
> Morfeus, no filme *Matrix*.

O começo na Matrix... será que já estamos vivendo nela?

Pensar a sociedade atualmente leva, inevitavelmente, ao encontro da tecnologia. Para Castells (1999, p. 25), um dos mais importantes teóricos das sociedades em rede, a tecnologia não só determina a sociedade, "a tecnologia é a sociedade". O indivíduo do século XXI está totalmente mergulhado no mundo virtual. As novas tecnologias invadiram a vida cotidiana, o que modificou os sistemas de poder e os padrões de experiência ao penetrar por todas as relações sociais. Acredito ser necessário analisar, à luz da teoria junguiana, esse fenômeno que vem transformando radicalmente a forma de o ser humano se relacionar com a realidade que o cerca.

Em minha experiência trabalhando na clínica, deparo-me com novas formas de relacionamentos que se dão a partir de redes sociais, de aplicativos, da internet e do mundo virtual. Tais mudanças, acontecidas especialmente nos últimos 25 anos a partir da popularização da internet, alteraram radicalmente a forma como se estabelecem e vivenciam as relações em sociedade. No mundo atual, dimensões como tempo e espaço, anteriormente conceitos que fundavam a visão de mundo, encontram-se radicalmente modificados. A vida virtual não se utiliza desses modos de existir. Assim, novos conflitos são também evidenciados e é preciso fazer uma parada para, como psicoterapeutas, pensar nosso trabalho para adequá-lo a esses novos modos de ser e estar no mundo.

Em 2000, na virada do milênio, juntamente com meu filho que na época tinha apenas 12 anos de idade, assisti ao filme *Matrix*, lançado um ano antes, em 1999. O filme dirigido pelos irmãos Wachowski e composto de uma trilogia, fala de um futuro onde as máquinas dotadas de inteligência artificial ganharam a guerra contra os seres humanos e passam a ter controle sobre o mundo. Trata-se de uma aventura cibernética onde o complexo mundo físico, o ecossistema e os corpos deixam de ter realidade concreta, transformando-se em realidade virtual. No filme, os corpos humanos apresentam a função de gerar energia para as máquinas e os seres humanos ficam aprisionados nesse sistema inteligente e artificial que manipula a mente das pessoas e cria a ilusão de um mundo real. Uma ficção que traz muitas reflexões sobre a imersão no mundo da *Web 2.0*. Na epígrafe do início deste texto, Morfeus, um importante personagem do filme e que na mitologia grega é o deus do sonho, aquele que é responsável por criar a forma, relaciona realidade com sentidos físicos. E para nós? O que é realidade? Na minha casa, muita discussão foi gerada a partir do filme. Lemos juntos alguns livros que traziam reflexões sobre o tema, como, por exemplo, *Matrix – Bem-vindo ao deserto do real*, onde importantes acadêmicos discorrem sobre o filme trazendo conceitos como mente, real, liberdade, enfim, tudo aquilo que nos desacomoda quando pensamos neste mundo virtual que nos rodeia.

Estando agora em 2019, penso que de alguma forma é mais próximo o mundo da *Matrix* do que em 1999. Isso posto, pois entra-se em contato com o cotidiano através de janelas (*Windows*?) e observando a vida através das telas de celulares, iPhones, iPads, tablets, laptops, PCs. Embora não tenha ocorrido a guerra entre humanos e máquinas, os indivíduos estão muito mais dependentes desses *gadgets* do que gostariam de admitir. Basta uma olhada ao redor, ao estar em um espaço público, como uma fila de banco, um restaurante ou um *shopping center*, para perceber o tamanho da epidemia digital que assola o mundo. Com certeza, serão encontradas pessoas fascinadas olhando para a telinha de seus smartphones.

Dados divulgados em fevereiro de 2018 pelo Instituto Brasileiro de Geografia e Estatística (IBGE) afirmam que o Brasil fechou 2016 com 116 milhões de pessoas conectadas à internet, o equivalente a 64,7% da população com idade acima de 10 anos. Essas informações são parte da Pesquisa Nacional por Amostra de Domicílios Contínua (Pnad C), divulgada no dia 21/02/2018. A pesquisa afirma ainda que o celular continua a ser o principal aparelho para acessar a internet no Brasil. Em 2016, o eletrônico era usado por 94,6% dos internautas, à frente de computadores (63,7%), tablets (16,4%)

e televisões (11,3%). Segundo o IBGE, 77,1% dos brasileiros possuíam algum celular.

Acredito que não haverá retrocesso no modo de vida amparado no uso da tecnologia, mas é preciso refletir sobre os grandes paradoxos vividos a partir do estilo *ciber* de vida. Através das redes sociais, se está sempre em comunicação com pessoas que estão fisicamente longe e, muitas vezes, ignora-se por completo quem está sentado ao lado. Tempo e lugar são conceitos que não fazem mais parte do dia a dia. Tudo é relativo...

Para Sibilia (2016, p. 21):

> A visibilidade e a conexão sem pausa constituem dois vetores fundamentais para os modos de ser e estar no mundo mais sintonizados com os ritmos, os prazeres e as exigências da atualidade, pautando as formas de nos relacionarmos conosco, com os outros e com o mundo.

Vive-se na era do culto ao corpo e, paradoxalmente, relaciona-se sem corpo no mundo das redes sociais. Nunca se fez tanta cirurgia plástica quanto na atualidade. Academias com práticas esportivas de todos os tipos, práticas físicas de todas as modalidades, para todos os gostos. A indústria da moda, da maquiagem e do consumo cresce em toda a sua potência e o modelo de sociedade que valoriza a aparência tem se mostrado devastador.

Muito se avançou no campo tecnológico e a vida sem corpo físico da *Matrix*, sem sombra de dúvida, é algo que hoje é parte do dia a dia. O avanço tecnológico da última década, especialmente, talvez tenha sido o maior da história. A inclusão dos smartphones e tablets no cotidiano tornaram as pessoas totalmente conectadas em qualquer tempo e lugar. O modo de "viver" neste mundo tem se modificado muito. Não há mais a menor possibilidade de furtar a essa queda de braço com a cibercultura. Corre-se o risco de, ao tentar evitar a tecnologia, isolar-se do mundo e tornar-se incapaz de realizar as tarefas mais banais do cotidiano. Não existe a possibilidade de "não conexão".

Conforme Farah (2009, p. 20):

> As observações indicam que o ciberespaço é ocupado pelos seus navegantes como palco da manifestação de conflitos, bem como do ensaio de novas formas de estruturação da subjetividade, estabelecimento de vínculos e relacionamentos, permeados por encontros e desencontros em renovadas expressões. Como contraponto, observa-se também, nesse espaço, a experimentação de formas alternativas de construção do conhecimento, com a utilização dos recursos e ferramentas colaborativas viabilizadas pela comunicação digital.

O início da internet, palco dessa grande mudança paradigmática, será relatado no próximo capítulo e está datado em 1969, nos Estados Unidos da América. Desde seu surgimento, já se associava a internet a algo capaz de revolucionar a comunicação e de quebrar barreiras geográficas e culturais, ideia que se fortaleceu com a chegada de ferramentas colaborativas das redes sociais. Hoje a rede social mais utilizada em todo o mundo é o Facebook, com mais de 2 bilhões de usuários, criado a 4 de fevereiro de 2004, por Mark Zuckerberg e alguns colegas, na Universidade de Harvard. Por esse motivo, o foco será no estudo dessa rede social.

Penso que se fosse vivo, Jung não se furtaria de pensar o fenômeno das relações virtuais que se dão por meio da internet em seus diversos modos. O que será que ele teria para dizer? Quando escreveu sobre óvnis em *Um mito moderno sobre coisas vistas no céu*, Jung buscou relacionar eventos de seu tempo com aspectos arquetípicos apresentados no grande interesse que existia na época sobre objetos voadores não identificados e que nos boatos e notícias, bem como nos sonhos de pacientes, apareciam na forma circular de mandalas. Creio que nessa obra ele atualizou a linguagem para mostrar que em cada tempo o arquétipo se mostra com a vestimenta que designa o seu *Zeitgeist*.

Será que se pode afirmar que a forma como se dão os relacionamentos pelo uso dos sites de redes sociais tem algo de arquetípico? O uso maciço da internet compensará psiquicamente? O que Jung teria a dizer sobre o Facebook? Tais perguntas surgem na pretensão de que sejam respondidas por meio das reflexões elaboradas neste trabalho.

No parágrafo 624 do volume citado acima, Jung (2007) afirma que:

> É certamente uma característica do nosso tempo que o arquétipo, ao contrário de suas formações antigas, tenha adquirido uma forma objetiva e, até mesmo tecnológica, para esquivar-se do incômodo de uma personificação mitológica. Aquilo que parece ser de natureza tecnológica é muito mais fácil de ser aceito pelo homem moderno.

Jung buscou referências na mitologia, na alquimia e nos contos de fadas para mostrar o inconsciente coletivo em diversas épocas históricas. Ele mostra que os temas permanecem os mesmos, apenas são representados de uma maneira adequada ao seu tempo. E agora? O que a tecnologia está mostrando desse inconsciente coletivo? Que deuses estão presentes nas redes sociais? Mas, afinal, o que é ciberespaço, cibercultura, internet, Web 2.0, redes sociais? E o Facebook?

Para avançar, é preciso primeiro conceituar esses termos. Para isso, será abordado um pouco sobre o significado dessas expressões que servem de base para a contextualização deste tempo que, segundo Lemos (2013, p. 10), "alguns sugerem que falar em ciberespaço, ou internet, nem faça mais sentido", pois tal é a banalidade de seu uso. Vive-se hoje a era da computação nas nuvens, da Wikipédia, do Google, do Twitter, do Facebook, do Tinder etc. Esse é apenas um recorte, porque esse mundo é imenso.

O termo ciberespaço foi criado por William Gibson, escritor ciberpunk de ficção científica, em sua obra de 1984, *Neuromancer*. É um espaço não físico ou territorial composto por um conjunto de redes de computadores onde as informações circulam. Para o autor, é uma alucinação consensual, um útero, uma mãe da civilização pós-industrial onde os cibernautas vão penetrar (LEMOS, 2013). Assim, o ciberespaço é uma entidade real, parte real da cibercultura planetária. O ciberespaço é um espaço transnacional onde o corpo é suspenso pela abolição do espaço e pelas *personas* que entram na socialização.

Assim, encontra-se grandes possibilidades ao ser humano, a partir da viabilização do acesso ao ciberespaço, que desdobram-se em distintas formas de expressão: quebra dos padrões de tempo e espaço; possibilidade de interação sem ser necessário o contato presencial; acesso e processamento de quantidade e variedade de informações antes inimaginável; viabilidade de ação a distância propiciada pelos recursos da chamada realidade virtual; entre outras.

Em sua obra *Cibercultura*, Pierre Lévy traz um importante conceito de virtualidade que ampara essa visão de realidade virtual:

A palavra "virtual" pode ser entendida em ao menos três sentidos: o primeiro, técnico, ligado à informática, um segundo, corrente e um terceiro filosófico. O fascínio suscitado pela "realidade virtual" decorre em boa parte da confusão entre esses três sentidos. Na acepção filosófica, é virtual *aquilo que existe em potência e não em ato*, o campo de forças e de problemas que tende a resolver-se em uma *atualização*. O virtual encontra-se antes da concretização efetiva ou formal (a árvore está *virtualmente* presente no grão). No sentido filosófico, o virtual é obviamente uma dimensão muito importante da realidade. Mas no uso corrente, a palavra virtual é muitas vezes empregada para significar a irrealidade – enquanto a "realidade" pressupõe uma efetivação material, uma presença tangível. A expressão "realidade virtual" soa então como um oximoro, um passe de mágica misterioso. Em geral acredita-se que uma coisa deva ser ou real ou virtual, que ela não pode, portanto, possuir as duas qualidades ao mesmo tempo. Contudo, a rigor, em filosofia o virtual não se opõe ao real, mas sim ao atual: virtualidade e atualidade são apenas dois modos diferentes da realidade. Se a produção da árvore está na essência do grão, então a virtualidade da árvore é bastante real (sem que seja, ainda, atual) (LÉVY, 1999, p. 49).

Assim, o autor esclarece que "é virtual toda entidade desterritorializada", não se atendo ao tempo ou a locais determinados. O virtual existe sem estar presente e não se pode fixá-lo a nenhuma coordenada espaçotemporal.

Internet

O início da história das redes de computadores voca-cionadas para a comunicação se dá com a necessidade de rastreio de informações acerca dos inimigos feito durante a Segunda Guerra Mundial, com início em 1939 (TAIT, 2007). A internet é uma rede internacional de milhões de computadores ligados entre si, por meio de conexões por cabo ou wireless, roteadores e servidores, que facilitam a interação humana, o que ocorre num espaço denominado por ciberespaço.

A história da internet remonta a 1969 nos Estados Unidos da América, onde uma rede de computadores era uti-lizada para laboratórios de pesquisa e era denominada de ARPAnet. A nomenclatura que hoje se conhece, internet, apenas começou a ser utilizada quando a ARPAnet passou a conectar universidades e laboratórios, inicialmente nos Estados Unidos e, posteriormente, em outros países (TAIT, 2007). Durante 20 anos, a internet apenas era utilizada nos ambientes acadêmico e científico, sendo disponível o seu uso comercial, nos Estados Unidos, apenas em 1987.

A internet, como representante da combinação de várias tecnologias antecessoras, é capaz de transmitir uma grande quantidade de informações a um incalculável número de pessoas. Por meio de *gadgtes*, como computadores móveis, computadores de mesa, tablets e telefones celulares, ela dá acesso de maneira personalizada e rápida à comunicação de seus usuários, tornando-se um grande facilitador na interação entre pessoas e conteúdo, na medida em que serve como plataforma de relações para diversos fins.

A democratização on-line, bem como o acesso à informação, surgiu com a chegada da segunda geração da internet, conhecida como Web social ou Web 2.0. Os utilizadores passaram então a ser não só consumidores, como também autores de informação, absorvendo, a partir daí, o lado mais social e interativo da internet.

O conceito da Web 2.0 surge pela primeira vez em 2004, com o objetivo de criar um aporte teórico para as mudanças que estavam ocorrendo na rede mundial de computadores. Ele veio a sobrepor a Web 1.0, plataforma em que o usuário tinha uma atuação passiva, sendo apenas um espectador. Nela não acontecia nenhum tipo de retorno. Na Web 2.0, ele passa a ser autor, pois interage de forma dinâmica: lê, modifica, cria e recria conteúdos (LACERDA & ANDRADE, 2016).

Dessa maneira, entre as gerações da Web, também chamadas de "geração net", tem-se também a Web 3.0. O termo foi proposto pela primeira vez por John Markoff, um jornalista do *The New York Times*, em 2006. Ele surge dentro de um artigo publicado pelo jornalista, intitulado "Empreendedores veem uma internet 3.0 guiada pelo senso comum". Para Markoff, a meta dos cientistas da computação era adicionar uma camada de significado sobre a internet já existente, o que a tornaria menos um tipo de catálogo e mais um guia, uma espécie de sistema que possa raciocinar como o ser humano (LACERDA & ANDRADE, 2016).

Para Lacerda e Andrade (2016), a Web 1.0 marcou a implantação e a popularização da rede. A Web 2.0 situou o período em que se vive hoje, baseada em sites de colaboração (YouTube), de relacionamento social (Facebook) e de busca

(Google). Já a Web 3.0 objetiva ser a organização e o uso de maneira mais inteligente de todo conhecimento que compõe a internet.

Pode-se pensar que a Web 2.0 seja um ambiente virtual que possibilita a interação entre diferentes atores que podem estabelecer os mesmos relacionamentos que se têm com as pessoas fora do contexto da internet, sem a fronteira do espaço-tempo. Dessa maneira, as conexões do "mundo real" extrapolam as barreiras físicas, fazendo com que os mesmos fatores motivadores, como amizade, relações de trabalho e/ou compartilhamento de informações, ocorram nesse ambiente.

Redes sociais

As redes sociais chegaram com a Web 2.0. Por definição, segundo Boyd e Ellison (2007, apud RECUERO, 2014), as redes sociais on-line (RSO) descrevem um grupo de pessoas que interagem por meio de dispositivos virtuais que permitem a seus usuários construir perfis públicos ou semipúblicos dentro de um sistema e por eles articular uma lista de outros usuários com os quais é possível compartilhar conexões, produzir e divulgar conteúdo. Mais do que isso, as RSO permitem aos seus usuários encontrarem outras pessoas com interesses comuns, seja profissional, amoroso ou simplesmente para interação social.

Diferentemente, os sites de redes sociais são os espaços utilizados para a expressão das redes sociais na internet, ou seja, são softwares com aplicação direta para a comunicação mediada por computador. Dois elementos foram trabalhados por Boyd e Ellison na definição:

a apropriação (sistema utilizado para manter redes sociais e dar-lhes sentido) e a estrutura (cuja principal característica é a exposição pública da rede dos atores, que permite mais facilmente divisar a diferença entre esse tipo de site e outras formas de comunicação) (RECUERO, 2014, p. 103).

Os sites de redes sociais fazem parte da vida diária das pessoas e têm se infiltrado de forma rápida e intensa, transformando-se em uma importante plataforma de comunicação mediada por computador. As redes sociais são uma estrutura capaz de ser representada na forma de um ou mais gráficos, sendo que os nós representam os indivíduos e as arestas as relações entre eles. A maioria dos participantes das redes sociais tem como objetivo primário se comunicar com pessoas que já conhecem e, posteriormente, comunicar com desconhecidos que possam ter os mesmos interesses (BOYD & ELLISON, 2007, apud RECUERO, 2014). A primeira rede social criada foi a SixDegrees.com, em 1997, sendo que a maioria surgiu a partir do ano 2000. Entre esses sites, o Facebook vem expandindo sua popularidade na fronteira dos bilhões de usuários.

O Facebook

Vitória (2016) afirma que o Facebook foi criado a 4 de fevereiro de 2004 por Mark Zuckerberg e alguns colegas, como Dustin Moskovitz, Eduardo Saverin e Chris Hughes, na Universidade de Harvard, Estados Unidos. Mark Zuckerberg, inspirado por uma revista da Philips Exeter Academy que publicava listas anuais com fotografias dos alunos, decidiu criar um site que chamou de Facemash, a 28 de outubro de

2003. No Facemash publicou fotografias dos estudantes de Harvard, dispostas em pares, dando a oportunidade de cada utilizador do site votar no par favorito. Com a grande popularidade registrada (em poucas horas existiram 450 membros e 22 mil visualizações) e a consequente sobrecarga no servidor da universidade, Harvard foi obrigada a encerrar o site e Zuckerberg foi acusado de violar a segurança e a privacidade dos alunos, sendo quase expulso da universidade.

Em Janeiro de 2004, pouco tempo depois do encerramento do Facemash, Mark Zuckerberg, ao ler um artigo de jornal que abordava o incidente do antigo site e dava ênfase aos benefícios da criação de um site web centralizado, começou a programar um novo site, denominado Thefacebook, que foi lançado no dia 4 de fevereiro de 2004 e, em apenas 24 horas, tinham-se registrado 1.500 alunos (VITÓRIA, 2016). Posteriormente, foi retirado o "The" da denominação inicial do site e, a 23 de agosto de 2005, foi adquirido o domínio Facebook. com por 200 mil dólares. Ainda em 2005, o acesso ao Facebook foi permitido a outras universidades e escolas secundárias, depois ao resto do país e, por fim, a todos os países. O Facebook tornou-se, então, a maior rede social do mundo, depois de permitir o acesso a qualquer detentor de uma conta de e-mail que se registrasse para criar um perfil.

O filme *A rede social* (2010), dirigido por David Fincher e com roteiro de Aaron Sorkin, conta a história da criação do Facebook. O filme foi baseado no livro *Bilionários por acaso: a criação do Facebook* (2009). Os detalhes da história foram descritos pelo cofundador do Facebook, Eduardo Saverin, uma vez que Mark Zuckerberg se recusou a participar do projeto.

As estatísticas do Facebook demonstram a grande popularidade desse site de rede social. O Facebook é hoje o líder absoluto em número de usuários no mundo. Por isso a importância de se estudar o fenômeno na perspectiva da psicologia junguiana. A rede social está sempre se renovando, um fato que chama atenção de muitos usuários. Muitas redes sociais tentam seguir com a mesma estratégia de Mark Zuckerberg, porém, aquele que anuncia novidades é quem fica em evidência. O site criado por Zuckerberg foi a primeira rede social a superar 1 bilhão de contas registradas e, atualmente, soma 2,2 bilhões de usuários ativos mensalmente. Os dados foram obtidos pelo portal de estatísticas Statista. De acordo com Beling (2016), o Facebook possui hoje 2,234 bilhões de usuários ativos no mundo. Essa estatística está atualizada até junho 2018.

Como um site de rede social, o Facebook tem como principais características e funcionalidades a facilidade de uso por usuários que pouco conhecem de tecnologia. Seu uso é bastante intuitivo. Para criar um perfil no Facebook é necessário um endereço de e-mail, disposição para preencher alguns dados pessoais e o anexo de uma foto na página de rosto para a completude do perfil do usuário, o que servirá de porta de entrada para futuros visitantes. Além disso, muitas das informações privadas podem ser ocultadas pelos seus donos e divulgadas apenas aos contatos que o usuário desejar. Tal fato tornou o uso do Facebook disponível para pessoas de qualquer nível socioeconômico e de qualquer faixa etária.

O Facebook disponibiliza uma grande gama de funcionalidades e aplicações que permitem a comunicação e partilha de informação, como fotografias, vídeos, músicas, ligações, mensagens, chats individuais ou em grupo, convites para eventos, jogos, datas de aniversário e outros tantos instrumentos (VITÓRIA, 2016). A autora afirma ainda que é possível controlar quem pode acessar uma informação específica, já que a rede disponibiliza as opções de tornar as publicações: *públicas* (qualquer pessoa com acesso ao Facebook pode ver, mesmo que não seja "amigo" no seu perfil); *amigos* (apenas os amigos do utilizador podem ter acesso a essa informação); e *apenas eu* (em que a única pessoa que pode observar a publicação é o próprio utilizador). Desde a sua criação em fevereiro de 2004 até aos dias de hoje, o Facebook tem se transformado num caso de sucesso por meio do domínio massivo de milhões de interações sociais diárias.

O algoritmo do Facebook

O algoritmo é uma espécie de regra capaz de atender alguns pedidos em certas situações. No caso do Facebook, um dos algoritmos é voltado para interpretar o comportamento do usuário e determinar aquilo que ele vai ver primeiro em seu *feed* de notícias. O algoritmo do Facebook controla o que e quem vemos na rede social, pois se baseia nas preferências do usuário. Isso significa que a tecnologia percebe o que e quem você realmente gosta e dá preferência para exibir conteúdo dessas pessoas ou páginas.

O mito de Hades e o ciberespaço

A vida na contemporaneidade está repleta de mudanças socioculturais, políticas, econômicas e conjeturais diversas pela Pós-modernidade, onde imperam hiper-realidades e a liquidez de cenários. Nesse cenário, onde se dissolvem as grandes narrativas, o uno, o constante, o estável, as identidades, alteridades e devires encontram combinações, ressonâncias, dissonâncias e recombinações em um plano marcado por alterações e expandido com novas formas de expressão e sociabilidade. Tendo a tecnologia como aliada e protagonista dessas mudanças radicais, vive-se em novas dimensões onde tempo e espaço, como tradicionalmente era conhecido, se alteram pela experiência da realidade virtual.

Os mitos, que são essas grandes narrativas simbólico--imagéticas, têm seu lugar assegurado no psiquismo humano como ponte entre a consciência e o inconsciente. Jung une o mito ao inconsciente na medida em que afirma que é o humano que está ali presente. Na Pós-modernidade, tem-se vivido a queda dessas metanarrativas (LYOTARD, 2002) e para justificar a necessidade de adentrar ao mundo do mito cito Fabri (1988, p. 31):

> Em tempos de crise, em que o homem parece ter esquecido todas as suas possibilidades, todas as utopias, nada mais restando senão o vazio ante o cotidiano fastidioso, sentimos um enorme desejo de mergulhar em nosso passado, buscar nossas *Origens*, a *arché*. O interesse pelo mito, quando leva em conta esse aspecto, revela-nos uma condição característica do homem moderno: sua situação de ruptura com o universo mítico das hierofanias. Essa ruptura é ao mesmo tempo, negativa e positiva. Negativa, porque *perdemos* algo muito significativo, algo que não é mais *vivido* de forma plena nos dias de hoje. Positiva, porque esta constatação nos estimula a buscar uma restauração, ou ainda, uma *recriação*. O homem não deixou de ser humano. Sua atividade criadora poderá levá-lo

a caminhos que indiquem novas possibilidades de contato com o Sagrado.

Hillman (2013) afirma que existe uma intercambialidade entre psicologia e mitologia, considerando a psicologia enquanto uma mitologia da Modernidade, assim como a mitologia é a psicologia da Antiguidade. Com base nesta afirmativa, busca-se encontrar os mitos que ancoram a cibercultura, o ciberespaço e, a partir dessa premissa, as redes sociais e o Facebook.

O sagrado que aponta para o mistério da existência leva a pensar: Que deus está regendo o ciberespaço? Volto a Morfeus (o deus do sonho citado na epígrafe) para entrar em seu mundo e começar as relações com a mitologia que vão amparar as análises. E por que Morfeus novamente se apresenta? Morfeus, que é um dos mil filhos de Hipnos (deus do sono) e, portanto, sobrinho de Tânatos (a morte), é descendente de Nix (a noite) – o que o associa inexoravelmente ao mundo da morte. Assim, entra-se no mundo do Hades e, portanto, no mundo dos sonhos e dos mortos.

Para Kerényi (2015, p. 208), "o significado mais provável de Es, Edes ou Hades é 'o invisível' ou 'o que dá invisibilidade'". E nesse mundo é preciso sussurrar (rebaixar a consciência), porque trata-se de um mundo silencioso. Se falar muito alto, os sonhos acabam. Além disso, sabe-se que os mortos apenas sussurram. E o ciberespaço pode ser pensado como o mundo do invisível, um lugar de sonhos.

Hillman (2013) relaciona sonhos com alma e alma com morte em sua obra *O sonho e o mundo das trevas*. Olhar para os sonhos e observar semelhanças com a morte é atributo de enxergar o invisível, fazer analogias e relacionar coisas. Ele afirma ser necessário relacionar os sonhos com o mundo noturno, já que eles não podem ser observados no diurno. Noturno como relacionado a inconsciente, profundo, escuro, aquilo que não pode ser visto, psíquico, sem carne. "Hades não é uma ausência, mas uma presença secreta – mesmo uma inteireza invisível" (HILLMAN, 2013, p. 54).

Nessas narrativas mitológicas, que ao mesmo tempo são verdade e não são, encontra-se imagens atualizadas, mas que apontam sempre para os mesmos *archés*. Nessa linha, acredito que o ciberespaço é o mundo do Hades na medida em que os que lá vivem não possuem *thymos*, vida, nem *phrenes*, respiração. Hillman afirma que:

> Já que o mundo das trevas se difere tão radicalmente do submundo, aquilo que lá tem seu lar, os sonhos, deve se referir a um mundo psíquico ou pneumático de fantasmas, espíritos, ancestrais, almas, daimones. Esses são invisíveis por natureza, e não meramente invisíveis porque foram esquecidos ou reprimidos. Esse mundo é fluido, ou empoeirado, ígneo, lamacento, ou etéreo, de forma que não há nada firme em que se agarrar, a menos que desenvolvamos instrumentos intuitivos para captar impalpáveis que escorregam de nossos dedos ou que se queimam ao toque (HILLMAN, 2013, p. 71).

Seriam tais instrumentos intuitivos os *gadgets* que servem de anteparo e de suporte a esse mundo virtual? Assim como no Hades não existem corpos, mas apenas imagens, *eidolon*, no ciberespaço os seres são espíritos, almas, fantasmas, dependentes desses instrumentos para circular, existir e viver suas vidas nas redes sociais. A palavra *eidolon* relaciona-se ao próprio Hades (*aidoneus*) e com *eidos*, formas e formatos ideacionais, as ideias que formam e dão formato à vida, mas que estão enterradas nela que somente "enxergamos" quando estamos desligados em abstrações (HILLMAN, 2013, p. 89).

Fala-se aqui de imagens que são invisíveis e que estão dentro da mente imaginativa. Seria o Facebook uma metáfora para o Hades ou vice-versa? Um outro tempo e lugar, inclusive com suas subdivisões para onde se vai de acordo com o mérito na vida real. O julgamento se dá pelo algoritmo que define quais imagens se recebe.

No Hades, encontram-se diferentes regiões para onde as almas se destinam de acordo com suas ações praticadas na vida, com seus méritos. Tem-se o Érbero, para onde vão as almas em sofrimento resultado de uma vida sem boas obras e também os Campos Elíseos, lugar de deleite e prazer. Minos, Radamanto e Éaco são os três juízes que decidem para qual região deve ir uma alma. Poder-se-ia encontrar no algoritmo do Facebook a mesma função realizada por esses juízes do Hades. O veredito é expresso ao usuário quando ele é apresentado a postagens resultantes de suas ações. Ele visualiza de acordo com a ação que mostra seu maior interesse em um tipo de postagem. Sempre mais do mesmo. Ou seja, ele vai viver na região decidida pelo juiz/algoritmo.

Cito Hillman (2013) novamente para defender a ideia do mundo das trevas como um mundo psíquico por excelência e assim reafirmar a relação com esse mundo da Web:

> Falando mais diretamente: o mundo das trevas é psique. Quando usamos a expressão mundo das trevas, estamos nos referindo a uma perspectiva totalmente psíquica, onde todo o nosso modo de ser foi *dessubstancializado*, destituído de vida natural, e ainda assim é em toda a forma, o sentido e o tamanho, a *réplica da vida natural*. O Ba do mundo inferior no Egito e a *psyché* da Grécia de Homero

era a pessoa inteira como na vida, mas sem vida. Isso significa que a perspectiva do mundo das trevas altera radicalmente nossa experiência da vida. Ela não importa em seus próprios termos, mas apenas nos termos da psique. Para conhecermos a psique em sua profundeza básica, para uma verdadeira psicologia profunda, devemos ir ao mundo das trevas (HILLMAN, 2013, p. 79).

O parágrafo acima citado pode perfeitamente estar falando da experiência das redes sociais. Parece que todo o fascínio exercido por esta instância ligada ao desenvolvimento da tecnologia permitiu esta possibilidade de uma vida simulada e dessubstancializada que pode levar o sujeito a acessar o que deseja em nível psíquico sem o aspecto limitador do corpo. Não se tem a dor nem os limites da carne. Portanto, se é livre para viver como avatar. Pode-se dar vazão às fantasias e exercê-las sem que seja preciso se preocupar com os aspectos realísticos da vida natural.

O golpe do namorado virtual

Busco a partir de agora ilustrar com um caso real a participação do mito que ampara a análise, mostrando o ponto de vista de que o mundo virtual por meio dessa visão do Hades está compensando na cultura um aspecto faltante na psique coletivamente. Trata-se de um caso denunciado pela mídia de golpe aplicado por meio do Facebook em um grupo de mulheres. O caso foi alvo de reportagens jornalísticas de jornais, revistas e televisão e amplamente divulgado. Encontra-se nessa passagem a presença de Coré-Perséfone como protagonista dos casos.

Durante os anos de 2015 e 2016, um grupo de mulheres brasileiras na faixa entre 40 e 60 anos de idade, com nível sociocultural elevado, usuárias do Facebook em sua esmagadora maioria, sofreu um golpe virtual. Supostos homens de meia-idade aproximavam-se utilizando um falso perfil na rede social e travavam relações com essas mulheres. Durante vários meses de conversas românticas e muitas promessas, os golpistas ludibriavam essas pessoas até conseguir que elas fizessem envio de grandes somas de dinheiro para eles.

Reproduzo na íntegra uma reportagem de Julia Braun, publicada no site da *Veja* em 06/10/2016, com o título "ONU alerta brasileiras para golpe de estrangeiros na internet", em que uma das hipóteses levantadas pelas autoridades é de que a fraude seja uma estratégia para grupos criminosos ou terroristas entrarem no país.

O escritório da Organização das Nações Unidas no Brasil emitiu um alerta nesta quinta-feira sobre o uso do nome da entidade em uma fraude que já atingiu ao menos 100 mulheres brasileiras nesse ano. Segundo a ONU, os golpistas se passam por funcionários ou voluntários da organização a fim de obter dinheiro e informações pessoais das vítimas.

Somente em 2016, o Fale Conosco da ONU recebeu mais de 100 pedidos ou questionamentos de brasileiras que, depois de conhecer homens pelas redes sociais, Skype ou sites de relacionamento buscaram a organização para confirmar as informações fornecidas pelo novo parceiro. O número de casos, no entanto, pode ser muito maior, já que nem todas as vítimas procuram as autoridades.

O golpe – De acordo com o Centro de Informação das Nações Unidas no Rio de Janeiro, as vítimas contam que os homens se identificam como médicos ou voluntários da ONU em missões de paz na Síria, no Afeganistão ou no Iraque. Depois de alguns meses de relacionamento virtual, com a desculpa de vir ao Brasil para o primeiro encontro, os golpistas pedem quantias entre 500 e 700 dólares para os custos da viagem.

No entanto, o roubo pode não ser o único objetivo dos fraudadores. Além do dinheiro, eles pedem às vítimas uma carta em que elas assumem responsabilidade pelo estrangeiro enquanto ele estiver no Brasil – eles alegam que a carta é exigida pela ONU aos funcionários ou voluntários que solicitam férias. A carta é um dos requisitos do governo brasileiro para facilitar a concessão do visto para estrangeiros. Portanto, uma das hipóteses levantadas pelas autoridades é de que essa seja uma estratégia de grupos criminosos ou terroristas para, de fato, entrar no país.

Os incidentes já foram comunicados pelo escritório da ONU no Rio de Janeiro ao Departamento de Segurança das Nações Unidas e à Delegacia de Repressão aos Crimes de Informática. A recomendação da organização é que as mulheres abordadas por homens com histórias semelhantes entrem em contato com a entidade antes de fornecer suas informações pessoais. Segundo Ian Cook, diretor sênior de investigações na empresa de verificação de fraudes Kroll, o golpe relatado pelas mulheres à ONU é conhecido como fraude de pagamento antecipado e é comum em muitas partes do mundo.

Segundo Cook, os criminosos costumam se passar por trabalhadores de grandes empresas internacionais ou órgãos transnacionais para extorquir as vítimas.

O especialista alerta para alguns pontos em comum que podem ajudar a evitar que as brasileiras caiam no golpe. O uso de tradutores automáticos durante as conversas, por exemplo, é uma das características das fraudes realizadas por estrangeiros. É importante também sempre verificar os dados pessoais e as histórias contadas com uma pesquisa na internet (sites de buscas e redes sociais), além de, claro, não efetuar transferências de dinheiro.

A orientação às vítimas de golpes é que procurem a polícia e apresentem o máximo de informações possíveis sobre o criminoso. Materiais impressos, como a transcrição das conversas e dados sobre os perfis falsos utilizados pelos golpistas, podem ser úteis nas investigações.

Em sua obra *Tipos psicológicos*, Jung faz uma importante declaração a respeito de fantasia, que vale a pena ser transcrita mesmo que em uma citação longa:

E o que seria da coisa objetiva se a psique lhe tirasse a força determinante da impressão sensível? O que é a realidade se não for uma realidade em nós, um *esse in anima*? A realidade viva não é dada exclusivamente pelo produto do comportamento real e objetivo das coisas, nem pela fórmula ideal, mas pela combinação de ambos no processo psicológico vivo, pelo *esse in anima*. Somente por meio da atividade vital e especíca da psique alcança a impressão sensível aquela intensidade, e a ideia, aquela força eficaz que são os dois componentes indispensáveis da realidade viva. Esta atividade autônoma da psique, não pode ser considerada uma reação reflexiva às impressões sensíveis nem um órgão executor das ideias eternas, é, como todo processo vital, um ato de criação contínua. A psique cria a realidade todos os dias. A única expressão que me ocorre para designar essa atividade é *fantasia*. A fantasia é tanto sentimento quanto pensamento, é tanto intuição quanto sensação. Não há função psíquica que não esteja inseparavelmente ligada pela fantasia com as outras funções psíquicas. Às vezes aparece em sua forma primordial, às vezes é o produto último e mais audacioso da síntese de todas as capacidades. Por isso, a fantasia me parece a expressão mais clara da atividade específica da psique. É sobretudo a atividade criativa de onde provém as respostas a todas as questões passíveis de resposta; é a mãe de todas as possibilidades onde o mundo interior e exterior formam uma unidade viva, como todos os opostos psicológicos. A fantasia foi e sempre será aquela que lança ponte entre as exigências irreconciliáveis do sujeito e objeto, da introversão e extroversão (JUNG, 2011, § 73).

A partir dessa definição apresentada acima, é preciso pensar: Que fantasia fez com que essas mulheres de meia-idade caíssem neste tipo de golpe virtual? Que necessidade arquetípica está expressa nessa situação? Que espécie de ingenuidade está representada nesta vivência dessas mulheres? Pode-se falar em mulheres-Corés?

Essas mulheres deram vazão a fantasias românticas por meio de relações estabelecidas com supostos homens que conheceram "casualmente" pelo Facebook. Esses homens apresentavam-se como "amigos" para, logo após, estabelecer uma relação romântica com essas mulheres de meia-idade, cujos perfis eles haviam identificado previamente. Os golpistas raptavam essas Corés de seus mundos cotidianos e, apresentando-se como Hades, com falsas promessas de felicidade eterna, mantinham com elas relações amorosas que aconteciam nesse mundo de imagens. Elas eram envolvidas com palavras de amor, compreensão, parceria, complementaridade e com muita presença em suas vidas (embora fossem virtuais). Relações que se estabeleciam em outro tempo-lugar e sem corpo. Sexualidades vivenciadas de forma cibernética. A presença dos supostos amantes as fazia experimentar uma nova realidade.

Para a grande maioria delas, em função da própria idade escolhida pelos golpistas, era a primeira grande relação virtual. Esse caráter deu a elas a característica ingênua de Corés, despreparadas para fazer a crítica necessária e perceber o rapto que se avizinhava. Alvarenga, em sua obra *Mitologia simbólica*, afirma que "Hades é o guardião dos sonhos mais incorpóreos, que permanecem distantes, muito distantes do campo da consciência, porém desejosos de realização" (ALVARENGA, 2010, p. 123). Assim, ao aceitar a oferta desse relacionamento, essas mulheres puderam entrar em contato com esses desejos, essas fantasias que residiam no mais profundo de suas almas.

Jung entende por "fantasia" dois processos distintos, dependendo do contexto em que se emprega esse termo. Em primeiro lugar, como "fantasma": "um complexo de representações que se distingue de outro complexo de representações pelo fato de que não lhe corresponde uma situação exteriormente real" (JUNG, 1974, p. 499). Em segundo lugar, como "atividade imaginativa", correspondendo, nesse caso, à "expressão direta da atividade psíquica vital, da energia psíquica que só é dada à consciência na forma de imagens ou conteúdos, do mesmo modo que a energia física só aparece na forma de um estado físico que, por via física, estimula os órgãos sensoriais" (JUNG, 1974, p. 505).

Jung distingue ainda duas formas nas quais a fantasia pode ser entendida: a causal e a finalista. Na primeira, é entendida como "sintoma" de um estado fisiológico ou pessoal resultante de um evento anterior. Na segunda, é entendida em seu caráter "simbólico", podendo indicar uma diretriz ou uma "linha evolutiva" do processo psíquico do indivíduo em questão (JUNG, 1974, p. 504).

Na situação apresentada, a fantasia romântica tanto é um sintoma quanto uma diretriz. Essas mulheres apresentam a necessidade de todo e qualquer ser humano de amor, segurança, afeto, enfim, essa capacidade de regenerar a vida por meio da relação com um outro. Essa fantasia de completude que se apresenta por meio do amor romântico mostra uma falta que parece ser o ponto de abertura para a relação virtual, uma necessidade de alma a ser preenchida. Ter-se-ia aqui Perséfone, que não quer sair mais do mundo de Hades? Esses encontros que foram estabelecidos no espaço virtual obedeceram a uma temporalidade própria que dependeu da iniciativa e disponibilidade daquelas que se propuseram a fazer a conexão, pois ir ao encontro da interação virtual (ou da mensagem) é uma decisão do ego de se relacionar. Essa via de contato provê ao ego um novo modelo de *persona* protetora que, pelo lado negativo, facilita enganos, mentiras e atos delinquenciais derivados da aparente irresponsabilidade provida pelo suposto anonimato. Por outro lado, como linha evolutiva, pode levar ao fortalecimento do ego, oferecendo um espaço de treino de relacionamento ou complementação deste.

Para Farah (2009, p. 111):

> O ato de fantasiar, no ambiente virtual, guarda semelhanças com a condição do devaneio, ou ainda a entrada em estado de relaxamento (consciência rebaixada) obtido, por exemplo, pela fantasia dirigida: alteração das noções de espaço e tempo; capacidade de o indivíduo se emocionar frente à cena imaginada (ou, no caso, frente à cena virtual) como se fosse real (ou presencial) etc. Vista por este ângulo, é possível que a navegação na internet, dentro de certas condições, propicie um afrouxamento das defesas do ego, favorecendo o emergir de conteúdos inconscientes, em suas diferentes formas de expressão.

Desse modo, como nos sonhos ou nos devaneios, virtualmente (no duplo sentido do termo) qualquer conteúdo psíquico pode ser projetado e expresso como fantasia dessas mulheres e, eventualmente, transformar-se em atuação (apenas como ato virtual ou passando ao ato presencial). Atuação que se assemelhou ao oferecimento da romã que fez com que elas desejassem permanecer no Hades mesmo após a descoberta do golpe. A sedução era maior do que o sentido de realidade. Assim, penso que nas interações virtuais possa ocorrer a captação de conteúdos mais ou menos inconscientes de cada parceiro, tal como na vida presencial.

Em qualquer espaço no qual o ser humano se instala, o inconsciente também o acompanha e encontra canais de manifestação. No ciberespaço, o anonimato e a suposta impunidade propiciados podem estimular a transgressão e a utilização de identidades virtuais, bem como a prática de atividades ilícitas ou ilegais. A presença dessas manifestações no espaço virtual faz com que seja necessário o alerta sobre o risco de se incorrer no cultivo de uma idealização romântica e ingênua a respeito das vivências humanas realizadas nos vastos domínios da internet.

Cito Farah (2009, p. 105):

> Os relacionamentos estabelecidos por meio da internet proporcionam às pessoas um espaço intermediário entre a solidão e o contato real. Trata-se de um espaço compartilhado, no qual facilmente podem ser vivenciadas situações de aparente anonimato. Nessa condição, o internauta pode sentir-se acima da lei e da ética, e sentir- se estimulado a dar vazão a variadas fantasias. O espaço virtual, percebido pelo internauta como um "lugar" mais reservado, oferece também possibilidades inéditas de intimidade e de expressão de aspectos do eu não conhecidos ou elaborados. Tanto os potenciais criativos quanto aspectos imaturos, conflituosos ou sombrios da personalidade são expressos mais facilmente na forma de simples atuação, ou de ter a chance de conscientização e posterior integração.

Muitas dessas mulheres, mesmo quando confrontadas com a percepção do golpe, queriam manter o contato com suas fantasias e, assim, o aspecto arquetípico ficou evidenciado. Perséfone, após comer a semente da romã, deseja continuar no Hades.

Segundo Alvarenga (2010), falar do Hades significa necessariamente falar da capacidade de introspecção e reflexão, condição indispensável para que as transformações da alma aconteçam. A possibilidade de aquisição de consciência, portanto, exige simbolicamente a catábase, a descida ao mundo da profundidade. Para a autora, o casal Perséfone-Hades, como casal divino, não configura representação de pai-mãe, mas sim de casal amante/amado. Assim, esse foi o modelo de relação que arquetipicamente apresentou-se no golpe relatado.

Acredito, portanto, que o mito responda as perguntas que foram formuladas ao iniciar esta escrita: A forma como se dão os relacionamentos por meio do uso dos sites de redes sociais tem algo de arquetípico? O que o uso maciço da internet compensará psiquicamente? O que Jung teria a dizer sobre o Facebook?

Seja de forma saudável, seja de forma patológica, o uso de redes sociais parece estar expressando algo de arquetípico na medida em que foram encontrados referenciais míticos que ampararam as análises de situações vivenciadas nesse mundo virtual. Utilizar a metáfora de uma entrada no Hades permitiu vislumbrar esta aproximação com o mundo das imagens que se dá em outra dimensão tempo-espacial. O arquétipo presente no relato.

Outra reflexão que se pode fazer a partir deste arquétipo seria a proximidade com o mundo da morte compensando a sociedade maníaca do século XXI. Os indivíduos vivem em um tempo que os obriga a serem felizes em tempo integral. Um tempo de hedonismo. A depressão, como patologia ligada ao Hades, é quase epidêmica atualmente. Poder-se-ia pensar que entrar no Hades por meio do mundo virtual seria uma das formas que a alma se utiliza para compensar essa necessidade de contato com a morte, algo que se tornou tabu. Morre-se em hospitais, de forma escondida, não se pode falar e nem pensar sobre a morte. Mas a alma acha outras formas de viver o tema.

Jung afirma que

> A relação do homem com sua fantasia é condicionada, em boa parte, por seu relacionamento com o inconsciente em geral. E este relacionamento é, por sua vez, condicionado sobretudo pelo espírito da época. De acordo com o grau de racionalismo predominante, estará o indivíduo mais ou menos inclinado a abandonar-se ao inconsciente e seus produtos (JUNG, 2011, § 75).

O ponto de vista aqui defendido é de que o Facebook, como representante do espírito da presente época, está servindo às fantasias humanas e, desse modo, intermediando a relação com o inconsciente. Deve-se estar atentos e observar mais que tipo de relação está se desenvolvendo, porque a alma encontrará sua maneira de expressar as necessidades, quer se tenha disso consciência ou não.

Referências

A rede social (2010) [filme sob a direção de David Fincher, com roteiro de Aaron Sorkin].

ALVARENGA, M.Z. (2010). *Mitologia simbólica*: estruturas da psique & regências míticas. São Paulo: Casa do Psicólogo.

BELING, F. (2016). "As 10 maiores redes sociais". *Oficina da net* [Disponível em https://www.oficinadanet.com.br/post/16064-quais-sao-as-dez-maiores-redes-sociais – Acesso em 24/07/2018].

BRAUN, J. (2016). "ONU alerta brasileiras para golpe de estrangeiros na internet". *Veja*, 6/out. [Disponível em https:// veja.abril.com.br/mundo/onu-alerta-brasileiras-para-golpe-de-estrangeiros-na-Internet/ – Acesso em 12/08/2018].

CASTELLS, M. (1999). *A era da informação*. São Paulo: Paz & Terra.

FABRI, M. (1988). "A presença dos deuses". In: MORAIS, R. (org.). *As razões do mito*. Campinas: Papirus.

FARAH, R.M. (2009). *Ciberespaço e seus navegantes*: novas vias de expressão de antigos conflitos humanos. Pontifícia Universidade Católica de São Paulo [dissertação de mestrado em Psicologia].

HILLMAN, J. (2013). *O sonho e o mundo das trevas*. Petrópolis: Vozes.

JUNG, C.G. (2011). *Tipos psicológicos*. Petrópolis: Vozes [OC 6].

_____ (2007). *Um mito moderno sobre coisas vistas no céu*. Petrópolis: Vozes [OC 10/4].

_____ (1974). *Os arquétipos e o inconsciente coletivo*. Petrópolis: Vozes [OC 9/1].

KERÉNYI, K. (2015). *A mitologia dos gregos*. Vol. 1: A história dos deuses e dos homens. Petrópolis: Vozes.

LACERDA, R.S. & ANDRADE, V.G. (2016). "O uso das redes sociais como ferramenta de inclusão na educação". In: *Anais do II Cintedi*, 16-18/nov. [Campina Grande, Universidade Federal da Paraíba].

LEMOS, A. (2013). *Cibercultura tecnologia e vida social na cultura contemporânea*. Porto Alegre: Sulina.

LÉVY, P. (1999). *Cibercultura*. São Paulo: Ed. 34.

LYOTARD, J.-F. (2002). *A condição pós-moderna*. Rio de Janeiro: José Olympio.

Matrix (1999) [filme sob direção e roteiro de Lana Wachowski e Lilly Wachowski].

MEZRICH, B. (2009). *Bilionários por acaso*: A criação do Facebook. Rio de Janeiro: Intrínseca.

RECUERO, R. (2014). *Redes sociais na internet*. Porto Alegre: Sulina.

SIBILIA, P. (2016). *O show do eu* – A intimidade como espetáculo. Rio de janeiro: Contraponto.

TAIT, T.F.C. (2007). Evolução da internet: do início secreto à explosão mundial. *Informativo PET Informática*, p. 2.

VITÓRIA, A.M.S.A. (2016). *Autoestima e personalidade em utilizadores da rede social Facebook*. Lisboa: Universidade Lusófona de Humanidades e Tecnologias [tese de doutorado em Psicologia].

6 A cultura

Humbertho Oliveira

*Se pelo termo cultura entendemos
uma herança de valores e objetos
compartilhada por um grupo humano
relativamente coeso, poderíamos
falar em uma cultura erudita [...],
centralizada no sistema educacional
(e principalmente nas universidades),
e uma cultura popular, basicamente
iletrada, que corresponde aos motes
materiais e simbólicos do homem
rústico, sertanejo ou interiorano, e do
homem pobre suburbano ainda não
de todo assimilado pelas estruturas
simbólicas da cidade moderna.*
Alfredo Bosi. *Dialética da colonização*,
p. 308.

Começo, a partir dessa epígrafe, convidando-nos a um
abraço à cultura popular, por acreditar que vem sempre dela a
mais essencial fonte de criação da cultura dita erudita. O mais
importante dos exemplos disso foi como a cultura popular
oral grega durante trezentos anos produziu artesanalmente
histórias de Édipos, que se tornou a fonte de criação para
Édipo Rei, de Sófocles, revelando-se uma obra basilar de todo
o conhecimento ocidental.

Cultura popular refere-se a uma cultura do povo, a uma cultura que não se encontra refinada por uma elite, refere-se a uma cultura artesã. Em pleno século XXI, importante se faz relacionar o pensamento junguiano às fontes míticas da cultura popular, buscando aí novas e velhas compreensões, que estimulem olhares contemporâneos a respeito da alma humana.

Mais especificamente ainda, evoco a cultura popular brasileira como o eixo desse nosso enfoque junguiano da cultura no século XXI. A brasilidade cultural é reconhecida pelos estudiosos como aquela fundada, e ainda em formação, na mistura ocorrida principalmente entre as culturalidades advindas da colonizadora presença portuguesa, da resiliente ancestralidade ameríndia e da resistente diáspora africana, nossas raízes étnicas. A cultura popular brasileira faz-se uma complexa singularidade, e vem marcada pelos anseios da fortaleza, da reciprocidade e da esperança.

A folia de reis

Dentre os festejos culturais populares do ciclo natalino brasileiro, encontramos as folias de reis, um conjunto de conhecimentos e acontecimentos de nítida tradição oral, que perpassam um tempo passado, o tempo presente e o tempo futuro. As folias constituem-se numa jornada ritual sagrada, realizada pelos foliões de reis, que caminham durante dias, geralmente entre o dia 25 de dezembro e 6 de janeiro, de noite e de dia, visitando moradias e outras habitações, revivendo miticamente a narrativa da viagem cristã de adoração dos reis magos que partem, depois de receberem a anunciação de que é chegada a hora do começo de uma nova era marcada pelo nascimento de Jesus, para visitar o Deus-Menino e com a incumbência de voltar com a Boa-nova vivida.

Eis o relato bíblico:

> Tendo, pois, Jesus nascido em Belém de Judá, no tempo do rei Herodes, eis que do Oriente vieram magos e perguntaram: "Onde está o recém-nascido rei dos judeus? Pois vimos a sua estrela no Oriente e viemos adorá-lo". Ao ouvir isso, perturbou-se o rei Herodes e, com ele, toda Jerusalém. Tendo reunido todos os sumos sacerdotes e escribas do povo, indagava deles onde Cristo deveria nascer. "Em Belém de Judá", respondiam eles, "pois assim foi escrito pelo profeta: 'E tu, Belém, terra de Judá, de modo nenhum és a menor entre as capitais de Judá; porque de ti sairá o Guia que há de apascentar o meu povo Israel'". Então Herodes, chamando secretamente os magos, inquiriu exatamente deles acerca do tempo em que a estrela lhes aparecera. E Herodes, enviando-os a Belém, disse: "Ide e perguntai diligentemente pelo menino e, quando o achardes, participai-mo, para que também eu vá e o adore". E, tendo eles ouvido o rei, partiram; e eis que a estrela, que tinham visto no Oriente, ia adiante deles, até que, chegando, se deteve sobre o lugar onde estava o menino. E, vendo eles a estrela, regozijaram-se muito com grande alegria. E, entrando na casa, acharam o menino com Maria sua mãe e, prostrando-se, o adoraram; e, abrindo os seus tesouros, ofertaram-lhe dádivas: ouro, incenso e mirra. E, sendo por divina revelação avisados num sonho para que não voltassem para junto de Herodes, partiram para a sua terra por outro caminho (Mt 2,1-12).

É curioso notar um importante acréscimo pós-evangélico para as narrativas dos reis magos: os seus nomes foram encontrados no *Evangelho Apócrifo Armênio da Infância*, do século VI:

Um anjo do Senhor foi depressa ao país dos persas para avisar aos reis magos e ordenar a eles de ir e adorar o Menino que acabara de nascer. Estes, depois de ter caminhado durante nove meses, tendo por guia a estrela, chegaram à meta exatamente quando Maria tinha dado à luz. Precisa-se saber que, naquele tempo, o reino persiano dominava todos os reis do Oriente, por causa do seu poder e das suas vitórias. Os reis magos eram três irmãos: Melquior, que reinava sobre os persianos; Baltasar, que era rei dos indianos; e Gaspar, que dominava no país dos árabes (5,10).

Importante também notar como os reis representam, no panteão cristão, o estrangeiro que veio contemplar o Menino-Deus, um rei menino rejeitado pelo poder judaico-romano (Herodes), mas acolhido por pessoas especiais (Maria e José). São os reis marginais, vindos de longe, excluídos, gentios. Eles vêm ao encontro de uma intensa singeleza: a de um "rei" nascido num estábulo junto aos animais, repousado num cocho onde esses animais se alimentavam e recebido por gente pobre, os pastores.

* * *

Para Wagner Chaves, um estudioso das folias, "a presença da estrela" refere-se à guia que indicou aos reis magos o caminho para se chegar à cidade de Belém onde o Menino tinha nascido. Para alguns foliões, que praticam a jornada da folia de reis, a estrela ilumina o encontro dos três reis e o momento em que "passam a caminhar juntos". Através de alguns relatos colhidos, o autor chama a atenção para uma associação das "personagens e ações do *princípio* com as circunstâncias do presente". O folião de reis iria assim associando a narrativa mítica à sua própria experiência, "articulando e estabelecendo continuidades entre os reis e sua vida", incorporando no ritual "elementos do contexto, aproximando mito e presente, princípio e hoje" (CHAVES, 2014, p. 78-79).

Outro aspecto importante também aparece no estudo desse autor. Trata-se das criações das folias de reis no que se refere ao mitologema do encontro dos reis com Herodes. Por ser associado ao aspecto negativo do mito, diferente daquele outro aspecto que exalta as figuras do Menino-Deus, seu pai José e sua mãe Maria, Herodes tende a ser evitado nas folias. Mas, mesmo assim, aparece por meio da prática de um silêncio cuidadoso durante os percursos entre as casas visitadas. E aparece também numa referência dada por algumas folias aos palhaços que vêm acompanhando os foliões; esses palhaços de folia seriam guardiões dos reis.

Podemos aqui nos referir ao terrível temor do aniquilamento; afinal, na narrativa bíblica, Herodes pediu aos reis que, quando voltassem e passassem por ele, lhe informassem sobre a localização do Menino; tencionava exterminá-lo. E, realmente, mandou, dois anos depois, realizar uma matança em crianças dessa idade, acreditando que tinha eliminado o suposto novo Rei nascido, como previram as velhas escrituras, naqueles tempos.

De qualquer maneira, um dia, os reis sempre voltam para casa. Para os foliões, isso se repete na folia de reis após a visita a uma moradia, e a saída da casa ritualiza a volta dos reis sem dirigir-se a Herodes. Para Chaves, estão aqui envolvidos o "tempo mítico dos reis e o tempo do rito, do *giro* dos *foliões.* A saída das folias de uma visita costuma ser um dos momentos em que mais fortemente aparece a dimensão religiosa" (CHAVES, 2014, p. 78-79).

E, ao final, depois da festa, os reis retornam, juntos [numa versão], ou separados (em outra versão]
para suas terras. Os *foliões* também, terminado o
giro com a festa na casa dos *imperadores*, voltam
às suas casas e à rotina da vida diária até que para
o ano, novamente, são convocados para mais uma
folia de reis, ocasião em que esse mundo de relações é recriado e, uma vez mais, vivenciado (CHA-
VES, 2014, p. 79).

* * *

Um arquétipo, no sentido amplo da palavra, que se faz
cumprir nas folias de reis é o arquétipo do jornar. A jornada,
os "giros", são as caminhadas de casa em casa que fazem os
foliões, repetindo o ritual da visita ao Deus-Menino estam-
pado nos presépios das moradias. Aqui se desvelam a individuação, as vias da vida, o encontro com aquilo que não se
conhece, a perspectiva da luta, as expectativas de curas. Nas
jornadas das folias de reis, a autonomia e o bem comum são
fundamentos; na verdade, não há reis e não há vassalos, não
há sacerdotes e não há adeptos, há uma imensa e desconcer-
tante igualdade, há apenas irmandade.

Outro arquétipo, esse sim bem humano, o *puer aeternus*,
aqui aparece. Na folia de reis, o arquétipo da criança se constela fortemente. Voltaremos à presença da criança no rito das
folias de reis mais à frente. Mas façamos aqui uma pequena
incursão na cultura religiosa popular brasileira para sentir-
mos essas forças *puer*.

* * *

Na umbanda, os espíritos de crianças, os erês, aparecem mui diretamente. São seres de um tempo mítico, sincretizados como um orixá africano – Ibêji – e como os gêmeos católicos, os santos Cosme e Damião. Aqui, os erês aparecem em nome da alegria, das brincadeiras e da pureza. Aparecem também como rito de soltura e de extroversão e de tudo o que é novo.

As figuras das crianças em umbanda correspondem, e muito, às do deus-criança, o deus representante da vida e da morte, da ressurreição, da redenção, da renovação, da fruição, da união. Assim, o *puer aeternus* é apresentado por Von Franz (1992). Jung (2000) também nos mostra o arquétipo da criança como uma perspectiva de mutação, da futuridade, da autorrealização, do tempo visto como um todo, do magma criador do inconsciente. Já para Hillman, trata-se de um arquétipo relacionado à totalidade, ao mais elevado, ao poder do movimento, à transmissão de sentidos (HILLMAN, 1998).

As crianças, na umbanda, são canais expressivos diretamente do divino, proporcionando desprendimento, alegria, leveza e tranquilidade muito particulares aos consulentes. Esses espíritos se comunicam mais simbólica do que literalmente, dirigem-se diretamente ao Si-mesmo daqueles com quem se relacionam. Segundo Martins e Bairrão,

> para a umbanda os aspectos estéticos e sensoriais associados ao infantil não são acessórios e não há uma oposição entre aspectos do (psiquismo) individual e um (inconsciente) coletivo genérico. Cada manifestação espiritual do infantil transcende a consciência individual, mas comporta uma certa individualidade, propondo-se como uma outra pessoa com uma história singular. A criança celestial da umbanda não se propõe como redutível a uma

forma psíquica (arquétipo) genérica (MARTINS & BAIRRÃO, 2009).

* * *

Voltando às folias de reis, aqui o aspecto *puer* aparece em sua máxima expressão: a criança divina, o portador da salvação. Para Jung,

> a representação mitológica da criança não é textualmente uma cópia da "criança" empírica, mas um símbolo claramente reconhecido como tal: trata-se de uma criança divina, miraculosa – não de uma criança humana –, de uma criança procriada, colocada no mundo e criada em circunstâncias realmente extraordinárias. As suas aventuras e gestos são tão monstruosos como a sua natureza e a constituição do seu corpo (JUNG, 2011, p. 119).

A criança divina costuma se manifestar em humildes e singelos locais. No relato bíblico, Jesus de Nazaré nasce num estábulo, entre os animais e os pastores, e foi repousado no cocho, o reservatório de alimentos para os animais, a manjedoura. A criança divina costuma realmente se manifestar em humildes e singelos locais, locais impregnados de poesia. E certamente se faz presente sempre que uma criança ainda nasça em ambientes tão desprovidos vivendo a "morte e vida severina".

Acompanhemos:

> [...]
> Compadre José, compadre,
> que na relva estais deitado:
> conversais e não sabeis
> que vosso filho é chegado?

Estais aí conversando
em vossa prosa entretida:
não sabeis que vosso filho
saltou para dentro da vida?
Saltou para dento da vida
ao dar o primeiro grito;
e estais aí conversando;
pois sabeis que ele é nascido.

– Todo o céu e a terra
lhe cantam louvor.
Foi por ele que a maré
esta noite não baixou.

– Foi por ele que a maré
fez parar o seu motor:
a lama ficou coberta
e o mau cheiro não voou.

– E a alfazema do sargaço,
ácida, desinfetante,
veio varrer nossas ruas
enviada do mar distante.

– E a língua seca de esponja
que tem o vento terral
veio enxugar a umidade
do encharcado lamaçal.

– Todo o céu e a terra
lhe cantam louvor
e cada casa se torna
num mocambo sedutor.

– Cada casebre se torna
no mocambo modelar
que tanto celebram os
sociólogos do lugar.

– E a banda de maruins
que toda noite se ouvia
por causa dele, esta noite,
creio que não irradia.

– E este rio de água, cega,
ou baça, de comer terra,
que jamais espelha o céu,
hoje enfeitou-se de estrelas.
[...]

(MELLO NETO, 1995).

* * *

Por fim, apresento a bandeira da folia, o estandarte, o objeto sagrado que vem à frente das folias, que fazem parte do ritual de reverenciarem entre si quando se encontram duas diferentes folias no meio de suas jornadas, que é adorada e devidamente presenteada (aumentando-lhe adereços diversos a cada vez, geralmente relacionados a votos de "crentes"). E a bandeira vem sempre para anunciação. E anuncia sempre a nova era. Como na música de Daniel Fernandes, composta para a Cantoria de Reis do Núcleo de Cultura Popular Céu na Terra:

A nossa bandeira vem anunciar.
A nossa bandeira vem anunciar.
A estrela no céu a brilhar
Brilhar, brilhar sua divina luz.
Espelho de prata nos guia e conduz.
À estrada que leva ao amor
Ó flor das manhãs, sol do entardecer.
Cantemos com alma para agradecer.

A vida que habita em nós.
A voz que incendeia toda a criação.
O verbo divino, o primeiro som.
A glória, o prazer de cantar.
Os rios, florestas, as ondas do mar.
Os vales, montanhas, todos animais.
A Terra, planeta de paz.
A nossa bandeira vem anunciar.
Que a grande mudança está por chegar.
No brilho desse nosso olhar.

O bumba meu boi

O bumba meu boi, festejo religioso popular maranhense, em sua versão mais conhecida, apresenta como tema central a história do roubo de um boi cuja língua é desejada pela grávida Catirina. História essa contada e recontada em inúmeras versões advindas do imaginário coletivo, maravilhosamente feita tradição na oralidade, criando um elo entre passado e presente.

Quando começa a história, Catirina está grávida e, como toda grávida que se preze, tem desejos. Coisa normal, normalíssima até, não fosse apenas por um pequeno detalhe: ela tem desejo de comer a língua de um boi – e não de um boi qualquer, note-se, mas a língua do boi preferido do patrão.

Não é difícil imaginar, então, o aperreio de Pai Francisco – com a mulher pressionando dia e noite, se lamentando a todo instante, querendo porque querendo comer uma língua; até a possibilidade de cometer o crime de machucar o boi preferido do amo passa a ser considerada seriamente pelo pobre homem.

Finalmente as constantes recriminações surtem o efeito desejado: mesmo morrendo de medo, Pai Francisco decide que vai abater o boi e tirar-lhe a língua para satisfazer o desejo de Catirina.

Na calada da noite, pé ante pé, apavorado, mas ainda assim decidido a não recuar do seu intento – infame, é certo, só que por uma boa causa –, Pai Francisco audaciosamente rouba o boi preferido do amo e o arrasta para um lugar ermo.

Prestes a concluir a matança e tirar a tão desejada língua do boi, Pai Francisco sofre um rude golpe: percebe que o lugar que julgava ermo não é tão ermo assim – descoberto, é denunciado e sua vida fica por um fio, pois ao saber do acontecido o patrão manda o capataz da fazenda apurar o caso. E com rigor.

Pai Francisco é preso, mas tenta de todas as maneiras negar o malfeito ao boi do patrão – o fato, porém, é que o boi sumiu e suas negativas não convencem o capataz. Ele é intimado a dar conta do boi, sob pena de ser morto.

Para sorte de Pai Francisco, ele é figura muito querida, e por isso todos da fazenda se mobilizam para ajudá-lo a salvar o boi, que nesse meio-tempo agoniza lentamente. São chamados de longe os pajés e os doutores, e, depois de muito drama e incerteza, o boi é finalmente ressuscitado. A alegria é geral, contagiante: o boi está salvo e Pai Francisco também.

Em homenagem a esse feito, os cantadores tiram as mais belas toadas, os índios, caboclos, vaqueiros, Pai Francisco, Catirina, o próprio amo e o capataz, os animais, pajés, doutores, todos, enfim, cantam e dançam felizes: até o boi redivivo dança também, fazendo as mais incríveis evoluções.

E a história termina nessa apoteose

[texto extraído do site já inexistente *Patrimônio SLZ*, em 2016].

* * *

Originário das tradições herdadas da época do ciclo econômico do gado, o auto do bumba meu boi conta a história de um casal de negros escravos que servem numa fazenda de um importante senhor. Pressionados pelo patrão a restituir o boi, conta-se, teriam roubado em outra fazenda um boi parecido para que se desse a ressurreição do animal.

> A história revela estados de relações sociais entendidas como sinônimo de regional e temporal, já que refletem a tensão dialética dominador/dominado, comum nas regiões interioranas, surpreende a abundância de palavras evocativas do discurso como instrumento de submissão política, colocando, de um lado, o poderoso, representado pelo fazendeiro; de outro, o excluído, representado por Pai Francisco e Mãe Catirina. O boi, objeto de desejo de Catirina, porque roubado do detentor do poder, ascende à condição de protagonista.
>
> [...]
>
> O auto do bumba meu boi tem como história a relação, mediatizada pela dança e pelo canto, entre um homem e um boi. A presença da dança e do canto remete essa manifestação artística às origens do gênero dramático, mais precisamente às festividades em honra de Dioniso, cujos rituais sustentavam-se nessas duas formas de arte (PASSOS & JESUS, 2002, p. 45-54).

Mas há ainda, no auto dramaticamente ritualizado do bumba meu boi, uma outra presença da simbologia coletiva da alma brasileira, o cazumba; uma figura ao mesmo tempo do sagrado e do profano. Uma entidade que se move, sempre. E, além do mais, é ambígua e engraçada. É mascarado, o cazumba; e demoníaco. É excesso em sua indumentária, em seu traseiro, em sua careta animalesca e no seu movimento mutante. Faz rir e transgredir. Assombra. É um palhaço.

Nas palavras de Juliana Manhães,

> o jogo é parte intrínseca da *performance* porque ele cria o "como se", a arriscada atividade do fazer-crer. No momento da brincadeira todos os brincantes acreditam e vivem aqueles personagens como se fossem eles, o brincante tem consciência de sua representação, mas se confunde com esse "outro" até no cotidiano. [...] A pessoa para ser cazumba precisa "vestir" a sua roupa e careta e nesse "outro corpo" encontra a sua potência para a brincadeira, as suas marcas pessoais para sua dança e jogo (MANHÃES, 2014, p. 91-92).

O cazumba pode ser compreendido como o próprio inconsciente: um processo em constante andamento, uma vivacidade instintiva, uma subversão, um artístico. E, também, o cazumba pode ser visto como um símbolo do inconsciente coletivo: o indizível, o impensável, o arquetípico, um ambiente da morte e da ressurreição, o tempo fora do tempo, a plenitude.

O cazumba, na roda de boi, se dá na interação com o outro, traz por excelência o valor da irmandade, tudo em sua brincadeira busca a interação, busca parceiros. Costuma abrir a roda do bumba meu boi e puxar os demais personagens.

* * *

Lugares da psique na psicomitologia do bumba meu boi:

• A fragilidade humana: a singeleza do vaqueiro nativo que tira a língua do melhor boi do patrão para atender ao desejo da mulher grávida, o desejo de vida, de esperança.

• A força animal: o boi que encanta, nutre, deixa-se tomar e ressuscita, se for o caso. Trata-se da abundância, da reciprocidade, dos rituais de fertilidade, o princípio de morte e ressurreição da natureza.

• A figura de um mascarado, o cazumba: um não decifrável, um potencializador de imagens, um provocador, um surpreendente, um gerador de intrigas, um intimidador.

• A roda do bumba meu boi: a sempre reconstrução coletiva do ambiente vivido do *Self.*

* * *

O auto do bumba meu boi, como uma vivência mítica, contando a história da relação entre um homem e um boi, mediatizada pela dança e pelo canto, nos remete, como manifestação artística, às origens do gênero dramático, mais precisamente às festividades em honra de Dioniso; nos coloca entre o *corpo-experiência* e o *corpo-social* onde há sempre uma morfologia plásmica, um magma arquetípico em vias de constelar pessoalidade; nos provoca à construção da ética, à resistência ao que se impõe ao sujeito; nos entusiasma o desvencilhar das imagens-clichê e a inclusão dos gestos do passado; nos impulsiona para uma nova espiritualidade, para uma mudança na maneira como nos vemos, avaliamos o mundo e nos implicamos nele; nos propõe a experiência da alegria de viver e da contemplação do outro.

Século XXI, cultura popular e esperança

No século XXI, o aprofundamento da noção junguiana de complexos culturais vem prestando um serviço incalculável à perspectiva da esperança. Leonardo Boff, teólogo brasileiro bastante reconhecido, um dos principais responsáveis pela edição das obras de Jung no Brasil e membro honorário da International Association for Analytical Psychology, um legítimo "junguiano", nos apresenta de uma maneira candente os nós górdios dos complexos culturais brasileiros, e, por consequência, nos mostra aquilo que precisamos saber para instrumentalizar as lutas por melhores dias. Ele se refere às "quatro sombras que atingem a realidade brasileira" (BOFF, 2016).

A primeira "sombra" se refere ao *nosso passado colonial* violento, ao não descobrimento e sim invasão de terras indígenas em que se submeteram esses povos à língua do invasor europeu e aos seus modos de existir. Trata-se da dominação e da formação entranhada da crença de que somente o que é estrangeiro é bom, fazendo-nos até hoje desejar nos vender ao estrangeiro por meio de privatizações das nossas produções. Essa compreensão nos habilita à luta em direção à autonomia nas relações com o outro e com o mundo, em nível individual e coletivo.

A segunda "sombra" está relacionada ao genocídio indígena.

> Eram mais de 4 milhões na chegada dos colonizadores. Mas os massacres foram muitos: Mem de Sá liquidou os Tupiniquins da Capitania de Ilhéus; Dom João VI declarou a guerra que dizimou os botocudos, no vale do Rio Doce. Os complexos culturais aqui referidos dizem respeito à impossibilidade de conviver com o diferente, o "desigual".

E, mesmo ainda hoje, o índio não é tratado como ser humano. Suas terras continuam sendo tomadas. Há muitos assassinatos e suicídios de indígenas. Há mesmo uma intolerância e uma negação do outro (BOFF, 2016).

Aqui ficamos embasados para a necessária prática da alteridade, da compaixão, da horizontalidade, do uso irmão do espelho do outro.

A terceira "sombra" evoca os milhões de africanos trancafiados nos navios negreiros, forçados ao trabalho, negociados, maltratados covardemente, de tal maneira que seus gritos e lamentos ecoam até hoje por meio de nossa arte popular.

Esse aspecto terrível de nossa história está relacionado à formação do complexo cultural casa grande/senzala. Gilberto Freyre, o historiador criador do termo, referiu-se diretamente ao fato de que o termo não designava apenas uma "formação social patriarcal". Casa grande e senzala referiam-se a uma estrutura mental determinantes dos comportamentos das classes senhoriais. Como complexos culturais, estamos nos aproximando do desrespeito ao outro, da ideia de que "o outro está aí para nos servir", da busca do privilégio, do bem particular (BOFF, 2016).

Aqui, se nos instiga a importantíssima questão da igualdade, mas da igualdade mesmo. Da igualdade franciscana, aquela que se baseia no desejo de não ter um centavo a mais do que o outro, especialmente se o outro não tem condições fundamentais de vida (alimento, moradia, saúde, educação...). Trata-se da construção real da irmandade, aquela que não tem superiores e inferiores, menores e maiores, aquela que realiza vidas vividas conjuntamente.

A quarta "sombra" está relacionada aos roubos de nossas riquezas, ao vilipêndio das vantagens acima de tudo, ao benefício próprio sempre, à negação do direito alheio, ao engano, ao maltrato das leis, à falsificação. Não a tudo isso! Tudo é de todos. Nada é exatamente meu.

> As quatro sombras recobrem a nossa realidade social e dificultam uma síntese integradora. Elas pesam enormemente e vêm à tona em tempos de crise como agora, manifestando-se como ódio, raiva, intolerância e violência simbólica e real contra opositores. Temos que integrar essa sombra, como diria C.G. Jung, para que a dimensão de luz possa predominar e liberar nosso caminho de obstáculos (BOFF, 2016).

* * *

O grande trabalho seria, portanto, o da consciência. É a partir da consciência que podemos falar da perspectiva da esperança.

Para Jung, "ali onde não existe o 'outro', onde não existe ainda, cessa toda possibilidade de consciência". Não há, pois, consciência individual sem a presença do coletivo, do "outro" (JUNG, 2011, § 301). A consciência é bússola para o sentido, para a compreensão, para a apreciação e a tomada de posição com relação aos eventos inconscientes. Pensar, com Jung, que "a psique real e verdadeira é o inconsciente, enquanto o consciente só pode ser considerado como um fenômeno temporário", é pensar que a principal função da consciência é a transformação (JUNG, 2011, § 205).

> "Nenhum conteúdo pode ser consciente se não for representado a um sujeito", segundo Jung.

> Referir-se a um sujeito, em psicologia analítica, remete-nos, mais propriamente, ao Si-mesmo, ao *Self*. E, no encontro com o pensamento contemporâneo, o *Self* não estaria, por excelência, referido a uma centralização do indivíduo, a algo que se possa possuir, a aquilo que se diz equivocadamente: "meu *Self*". O Si-mesmo estaria referido ao constante emergir de vida a partir daquilo que se vivencia no encontro com o outro, com a natureza, com os acontecimentos, ou seja, com tudo que afeta os sujeitos/corpos e suas maneiras de viver nesse mundo. O *Self*, para Jung, é uma referência da experiência coletiva do inconsciente, e, assim como todo o inconsciente, é criação (OLIVEIRA, 2018, p. 118).

* * *

Por fim, a prática da cultura popular brasileira é o que mais espontânea e profundamente nos oferece o caminho fundamental para as esperanças. As vivências da cultura popular propõem a emoção, o sentimento. E o sentimento é a saída. A emoção está profundamente veiculada nos festejos populares. Ela engendra a alegria, o despojamento popular, a experiência sensorial.

Na vivência mítica dos eventos culturais populares reconhece-se a presença da experiência da irmandade. Ao analisarmos essas vivências especialmente nas manifestações artístico-populares, entendemos que entre o individual e o coletivo se dá, arquetipicamente, a constelação da pessoalidade. Podemos falar, portanto, da experiência da construção da ética e da resistência ao poder deslegitimado. Essa experienciação está associada ao que não se impõe ao sujeito e ao desvencilhar-se das imagens clichês; está implicada na ânsia pela inclusão dos gestos do passado formando uma narrativa de cada um de si na relação com tudo (OLIVEIRA, 2014).

Além do mais, nas vivências míticas, busca-se o sagrado na perspectiva de uma espiritualidade que nos faz mudar a maneira como vemos a nós mesmos, como avaliamos o mundo e como nos implicamos nele. Nas dinâmicas da vivência mítica da cultura popular, passam-se o nascimento e a morte, o belo e o feio, o deus e o diabo, a fatiga e o êxtase, o limite e a potencialidade criativa, a fragilidade e a força titânica, a incapacidade e a habilidade, a aceitação e a luta, o cuidado das feridas vivas, enfim, as dinâmicas sélficas da individuação. Dinâmicas que implicam na organização da autorregulação e da ressonância (OLIVEIRA, 2008, p. 55-76).

O *ethos* da cultura popular é "uma resposta à modernidade europeia, [que considera] as contradições do capitalismo, todavia a partir de um niilismo ativo, criador, aceitando que há uma impossibilidade de transformar a realidade. Porém, apesar dessa aceitação, busca no impossível o possível" (CALOTI, s.d.).

Esse *ethos* está fundado nas contradições que recriam a vida mesmo na morte e busca o possível no impossível, "recriando a existência desde a realidade injusta, devastadora, dessa forma recuperando o valor de uso com o objetivo de lhe dar prioridade em meio às injustiças". Tudo na direção "de afirmar o futuro, o porvir, sob o signo e o princípio da esperança" (CALOTI, s.d.).

Esse "*ethos* barroco" da cultura popular diz respeito ao desenvolvimento de um "conhecimento moral-prático". Esse conhecimento é plural, respeita às "realidades sócio-históricas, culturais", afirma o novo, aposta "na utopia de um futuro melhor que possa orientar as nossas ações sociais", perspectiva avanços na democratização, evoca a "igualdade sem fim [...] como a medida de construção de uma sociedade onde se priorize a produção de justiça social" (CALOTI, s.d.).

> O *ethos* barroco também valoriza a alegria, a potência orgânica, a vitalidade, o despojamento popular e a "carnavalização". Portanto, valora a arte, a cultura popular e os saberes populares, revalorizando o conhecimento moral-prático ou os saberes que atravessam o senso comum, reinventando as éticas e as "estéticas da existência", pois, ficcionalizando-se as camadas populares, afirmam-se as populações [...], as realidades sociais, as culturas e as identidades [...], para além da lógica da acumulação do capital expressa no valor de troca e da metanarrativa do fim da história (CALOTI, s.d.).

Referências

BOFF, L. (2016). Quatro sombras afligem a realidade brasileira. *LeonardoBOFF.com*, 20/mar. [Disponível em https://leonardo boff.wordpress.com/2016/03/20/quatro-sombras-afligem-a-realidade-brasileira/ – Acesso em 11/04/2018].

CALOTI, V.A. (s.d.). *O princípio da esperança na filosofia latino-americana de Echeverría*: Ethos barroco, carnavalização, cultura popular & utopia [Disponível em www.academia.edu – Acesso em 04/04/2019].

CHAVES, W. (2014). "A origem da folia de reis na tradição oral: variações de um mito". In: OLIVEIRA, H. (org.). *Mitos, folias e vivências*. Rio de Janeiro: Bapera & Mauad.

HILLMAN, J. (1998). *O livro do puer*: ensaios sobre o arquétipo do Puer Aeternus. São Paulo: Paulus.

JUNG, C.G. (2011). *Aion*: estudos sobre o simbolismo do Si-mesmo. Petrópolis: Vozes.

_____ (2011). *A criança divina* – Uma introdução à essência da mitologia. Petrópolis: Vozes.

_____ (2000). *Os arquétipos e o inconsciente coletivo*. Petrópolis: Vozes.

MANHÃES, J. (2014). "A performance do cazumba: entre o sagrado e o grotesco". In: OLIVEIRA, H. (org.). *Mitos, folias e vivências*. Rio de Janeiro: Bapera & Mauad.

MARTINS, J.R. & BAIRRÃO, J.F.M.H. (2009). A criança celestial: perambulações entre aruanda e o inconsciente coletivo. *Fractal*, vol. 21, n. 3, p. 487-506 [Disponível em www.scielo.br/pdf/fractal/v21n3/05.pdf].

MELLO NETO, J.C. (1995). *Morte e vida severina*. Belém: Universidade da Amazônia.

OLIVEIRA, H. (2018). Complexo cultural, consciência e alma brasileira. *Cadernos Junguianos*, vol. 14, p. 118.

_____ (2014). "A vivência mítica e a ação de irmanar". In: OLIVEIRA, H. (org.), *Mitos, folias e vivências*. Rio de Janeiro: Bapera & Mauad.

_____ (2008). *Corpo expressivo e construção de sentidos*. Rio de Janeiro: Bapera & Mauad.

PASSOS, R. & JESUS, I. (2002). *A transição da cultura popular para a cultura de massa no Maranhão*: aspectos do bumba meu boi Pirilampo. São Luís: Uema.

VON FRANZ, M.L.V. (1992). *Puer aeternus*: a luta do adulto contra o paraíso da infância. São Paulo: Paulus.

7 A arte

Sílvio Lopes Peres

> *Os poetas falam por milhares*
> *e dezenas de milhares de seres*
> *humanos, proclamam de antemão as*
> *metamorfoses da consciência de sua*
> *época. [...] É perigoso falar do tempo*
> *em que vivemos, pois é enorme a*
> *extensão daquilo que hoje está*
> *em jogo.*
> C.G. Jung. *O espírito na arte e na*
> *ciência*, p. 154.

A reflexão sobre a arte sempre deve ser saudada como uma oportunidade de se aproximar das expressões da generosa e bela, mas também da nociva e destrutiva alma humana, apesar das dificuldades que o campo suscita, e nem sempre se trata de uma bem-sucedida empreitada.

As manifestações da arte não estão sob controle dos que as expressam, quer sejam pintores, escultores, músicos, escritores, oradores, cineastas, atores, dançarinos, arquitetos, fotógrafos, artistas digitais, artesãos manuais.

O artista não é livre em sua criação; esta vai além de uma expressão da sua vontade e dos conhecimentos que o criador possui a respeito de sua produção. Ele é "levado por uma corrente invisível" (JUNG, 1985, p. 113). A obra de arte fala mais de si mesma do que do seu autor. As obras de arte revelam o fluxo da libido da psique, da energia psíquica, e que ganharam alguma expressão, quer em suas dimensões, cores, formas, movimentos ou ritmos.

Como produto do impulso criativo que brota do inconsciente, este sim, sempre obstinadamente esmerado e independente, o artista se entrega à obra de expressar o que não é seu, dispondo apenas de sua capacidade criativa, atendendo à força, quase estranha, que imperativamente o domina. Para Jung (1989) há dois tipos de pensamento: um dirigido pela linguagem verbal que passa pela consciência e o outro "fantasia", que se caracteriza por imagens, é subjetivo, ligado ao inconsciente. É como se o artista vivenciasse em duas realidades consciente e inconsciente, coexistente e simultaneamente, isto é, o mundo exterior caracterizado pelas naturais restrições e necessidades psíquicas de cada época, compartilhado com as demais pessoas e seu mundo subjetivo, mais amplo e utópico.

> A obra inédita na alma do artista é uma força da natureza que se impõe, ou com tirânica violência ou com aquela astúcia sutil da finalidade natural, sem se incomodar com o bem-estar do ser humano que é o veículo da criatividade. [...] A psicologia analítica denomina isto de complexo autônomo. Este, como parte separada da alma e retirada da hierarquia do consciente, leva vida psíquica independente e, de acordo com seu valor energético e sua força, aparece, ou como simples distúrbio de arbitrários processos do consciente, ou como instância superior que pode tomar a seu serviço o próprio Eu (JUNG, 1985, p. 115).

A psicologia analítica não se debate quanto às definições sobre a essência da arte em si, pois não busca levantar juízo de nenhum valor acerca das manifestações estético-artísticas, quer pela filosofia ou a crítica da arte, mas considera o processo psíquico da criação artística. Procuramos olhar para a expressão da obra de arte, atentos à sua significância para a vida de todos que se relacionam com ela, e não tanto para a vida e as experiências pessoais do autor, que em nada difere do restante da humanidade. Assim Jung compreende: "Sempre que o inconsciente coletivo se encarna na vivência e se casa com a consciência da época, ocorre um ato criador que concerne a toda a época; a obra é, então, no sentido mais profundo, uma mensagem dirigida a todos os contemporâneos" (JUNG, 1985, p. 153).

O exercício da análise da obra de arte passa por buscar enxergar, ouvir, sentir aquilo que não é conhecido da vida pessoal dos artistas nem da obra em si, mas sim pela atividade desconhecida e invisível aos olhos, ouvidos e sensações, mas que se apresenta na elaboração artística, por que é operada pelo inconsciente implantada na alma do homem. Como diz Jung:

> Sua essência, estranha, de natureza profunda, parece provir de abismos de uma época arcaica, ou de mundos de sombra e de luz sobre-humanos. Esse tema constitui uma vivência que ameaça a natureza, ferindo-a em sua fragilidade e incapacidade de compreensão. O valor e o choque emotivo são acionados pela terribilidade da vivência, a qual emerge do fundo das idades, de modo frio e estranho ou sublime e significativo (JUNG, 1985, p. 141).

É como se precisássemos ou a obra de arte nos pedisse para respondermos às suas estranhas formas de narrar o que se passa na psique objetiva – a que surpresas nos reserva, ao que mais devemos dar maior atenção, quais caminhos nos apontam para as nossas enrascadas, por que estamos tão confiantes em nós mesmos ou ao que precisamos repugnar quanto aos malefícios que estamos empregando contra nós mesmos. "São numerosos os motivos mitológicos que emergem, embora dissimulados na linguagem moderna das imagens" (JUNG, 1985, p. 152), é como nos dissesse: "Decifra-me ou devoro-te!" "Cada uma destas imagens contém um pouco de psicologia e destino humanos, um pouco de dor e prazer repetidos inúmeras vezes na nossa genealogia, seguindo em média também a mesma evolução" (JUNG, 1985, p. 128).

A arte, portanto, se constitui uma realidade psíquica: aquilo que é secreto, inquietante e dúbio, aquilo que ainda não sabemos sobre nós mesmos, sobre a nossa própria natureza humana, ao que subjetivamente não sossega, mas nos inquieta, amedronta e deixa-nos diante de dúvidas, incertezas e perplexidades. Podemos dizer que a arte é uma expressão do inconsciente coletivo que se constitui essencialmente de arquétipos, conforme Jung o define:

> O inconsciente coletivo é uma parte da psique que pode distinguir-se de um inconsciente pessoal pelo fato de que não deve sua existência à experiência pessoal, não sendo, portanto, uma aquisição pessoal. Enquanto o inconsciente pessoal é constituído essencialmente de conteúdos que já foram conscientes e, no entanto, desapareceram da consciência por terem sido esquecidos ou reprimidos, os conteúdos do inconsciente coletivo nunca estiveram na consciência e, portanto, não foram adquiridos individualmente, mas devem sua existência apenas à hereditariedade. [...] O inconsciente coletivo não se desenvolve individualmente, mas é herdado.

> Ele consiste em formas preexistentes, arquétipos, que só secundariamente podem tornar-se conscientes, conferindo uma forma definida aos conteúdos da consciência (JUNG, 2000, p. 88, 90).

O conhecimento científico não nos protege do que a obra de arte tem a comunicar-nos sobre nós mesmos. Nenhum tipo de censura detém ao poder de subverter da obra de arte. Ela nos apresenta os verdadeiros fatores que estão agindo para o bem ou para o mal e para a reconstrução ou destruição de um período da história humana, que, se fossem conscientizados, os seus efeitos poderiam ser minorados.

O que há de sensível e criativamente elaborado numa obra de arte que vem das camadas mais profundas da psique por meio de seus autores?

Responder a essa questão é acompanhar "o processo criativo implantado na alma do homem" (JUNG, 1985, p. 115); é ter um olhar (leitura) atento e escrupuloso aos arquétipos que se apresentam com o objetivo de ser tornarem conscientes, pois, à sua maneira tomaram alguma forma com a qual a consciência identifica, como "configurações das leis dominantes e dos princípios que se repetem com regularidade à medida que se sucedem as figurações, as quais são continuamente revividas pela alma" (JUNG, 1980, p. 151). Ou seja, assumir as responsabilidades a que as artes nos chamam para com a contemporaneidade e com as futuras gerações!

Por quais leitos da genealogia humana o conteúdo artístico que já se encontra entre nós, pois jamais foram elaborados pelos seus autores, e nem mesmo sua vontade própria interferiu, e as que estão por chegar, passaram e poderão nos dar a mesma mensagem dada a um tempo passado?

Pelos leitos numinosos, profundos, invisíveis e sombrios dos arquetípicos da alma humana, que sempre nos atrai, espanta, surpreende e impressiona. Rejeita-se a toda forma de compreensão do tipo "isso não é nada mais do que...", tomando como referenciais os estilos, gêneros, técnicas que a arte encontrou para se representar, aspectos tão importantes na definição de critérios para a fruição do objeto de arte por parte do público em geral.

Segundo Valter Hugo Mãe, além de o artista lidar com o efeito surpresa, clara referência ao fator inconsciente, se suas personagens deixam marcas na narrativa é devido ao que representa como ao modo de ser delas e não ao que lhes acontecem.

Para o escritor português:

> A literatura começa antes de eu entender o que ela é. [...] A grande utopia da literatura é exatamente substituir aquilo que não há, aquilo que a gente perde, aquilo que nunca foi inventado, aquilo que não é visto. Eu uso a literatura para o que eu não tenho e para o que eu não sei. Não é verdade que se escreve sobre o que procura. Vamos, sobretudo, ao encontro do desconhecido. A literatura é feita vasculhando no desconhecido. Por isso é que ela pode encontrar um momento de revelação, e é isso que é a adrenalina, é a "dependência" que justifica que a gente queira escrever sempre mais (MÃE, 2018).

Mesmo que tomássemos apenas as obras de um autor e tentássemos enumerar e diferenciar os conteúdos inconscientes presentes, a tarefa seria gigantesca. Mas esse é um forte motivo por que devemos permanecer em constante contato com o mundo das artes para observar os movimentos da psique objetiva e os conteúdos que procura apresentar às nossas consciências.

Jung (2007), na tentativa de compreender o problema psíquico do homem moderno a partir de sua própria experiência com outras pessoas e consigo mesmo, por acreditar que "uma cultura não desmorona, ela dá à luz" (2007, p. 299), observa que os movimentos artísticos do período entre as duas grandes guerras mundiais (1918-1945), vinham expressando um interesse, cada vez mais intenso, pelas condições subjetivas e certo afastamento das condições exteriores, devido à unilateralidade da consciência e a falta de otimismo quanto ao futuro da humanidade, pelas consequências sofridas por todas as nações envolvidas nos mortíferos conflitos. Em sua opinião (2007, p. 158), do período das pirâmides do Egito até os dias do compositor Johann Sebastian Bach (1685-1750), os homens não tinham necessidade alguma por nenhuma condição psicológica especial, pois bastava, ainda que ingenuamente, que confessassem os seus pecados, para que tivessem algum tipo de "paz interior", isto é, não tinham necessidade de ampliar a consciência do mal que cada um é capaz de cometer contra si mesmo e contra o próximo. Nesse contexto, Jung afirma:

> O crescente interesse pela psicologia no mundo inteiro, nos últimos vinte anos, prova irrefutavelmente que a consciência moderna se afastou um pouco das realidades exteriores e materiais para voltar sua atenção mais para a realidade interna e subjetiva. A arte expressionista antecipou esta mudança, porque toda arte sempre capta com antecedência e intuitivamente as futuras mudanças da consciência em geral (JUNG, 2007, p. 167).

Em *Hermes e seus filhos* o autor, para citar apenas como exemplos (poucos), nos lembra das imagens de uma sexualidade maníaca, representadas em "Estupro" de Pablo Picasso

(1881-1973); em obras literárias de exaltação ao horror como *120 dias de Sodoma* (1875) do Marquês de Sade (1740-1814); e os filmes de terror, tão ao gosto de jovens e adolescentes na atualidade, e recomenda a desenvolver um olhar mais fundo com o fim de identificar o arquétipo presente como um agente de mobilização psíquica que conecta com o nível mais primitivo e instintivo da psique (LÓPEZ-PEDRAZA, 1999).

"Desviver-me": objetivo maior da arte

A arte apresenta um problema psicológico diferente para cada pessoa. Nem tudo que é bonito ou feio para você, o é para mim com a mesma intensidade e objetividade. Sentimos a arte de modos diferentes, porque projetamos nela conteúdos íntimos, dos quais não somos conscientes.

Toda vez que expressamos algum sentimento advindo das artes, da apreciação ao desprezo, somos instados pela seguinte questão: Esse meu sentimento está expressando algo semelhante ao que a arte expõe?

É como me olhasse no espelho e me percebesse no objeto. Em especial, aquelas obras de arte que considero estranhas, por mexerem com as minhas entranhas. Como não gosto de pensar que estou projetando um conteúdo inconsciente sobre o objeto, sinto como se este tivesse uma expressão própria, daí amá-lo ou repugná-lo, tão rápida e, muitas vezes, violentamente.

Enquanto transfiro para o objeto conteúdos inconscientes, a arte será sempre do tamanho da minha estatura psicológica. A arte me estimula a um "desviver-me", ainda que me pareça estranha e, talvez, quanto mais me provoca estranhezas em minhas entranhas. Se não o suporto, "quase tudo" será feio, ridículo, censurável, impróprio.

Como expressa em carta a Heinrich Köschitz, conhecido como Peter Gast, o filósofo alemão Friedrich Nietzsche, quanto ao "desviver" a que a arte convoca:

> A música me transmite hoje sensações como eu nunca senti antes. Ela me libera de mim mesmo, ela me separa de mim mesmo como se eu me olhasse, como se eu me percebesse de muito longe: ao mesmo tempo ela me fortalece, e sempre após uma noite musical a minha manhã transborda ideias e pensamentos corajosos. A vida sem a música é simplesmente um erro, uma tarefa cansativa, um exílio (NIETZSCHE, 1888).

Na realidade, só posso considerar como belo ao que sou capaz de compenetrar-me, ao que a obra de arte me convida a abstrair-me, isto é, a entrar em contato com o conteúdo subjetivo e abstrato do objeto artístico, numa tentativa de elevar-me acima da opinião coletiva que ocupa a cena pública, a buscar a afirmação da vida, a vontade de viver e me posicionar contrariamente a tudo que a nega, a sujeita e a oprime.

Nesse sentido, quanto maior a insensibilidade à arte mais se evidencia o meu vazio, o que me falta, aquilo que negligencio de mim mesmo. Observa-se isso, no sentimento e o comportamento psíquico com o cosmo dos povos primitivos, pois estes guardavam uma relação feliz e de confiança com todas as formas de arte. Eles foram capazes de produzir, conforme se pode verificar desde as pinturas rupestres, alguma forma de alívio de suas angústias e apreensões nas relações com os seus deuses, ao seu passado, presente e futuro neste mundo.

"Para compreender melhor e articular o que alguém é, o que o ser humano é", afirma o analista junguiano James Hillman (1926-2011), num diálogo com o historiador Sonu Shamdasani (1962-), "mais do que já temos na psicologia, devemos nos voltar para a arte, já que é lá que vemos como o ser humano melhor se apresenta em si mesmo" (HILLMAN & SHAMDASANI, 2015, p. 224).

A arte de observar e "deixar acontecer"

Diante de uma expressão artística, de qualquer natureza – pintura, escultura, música, arquitetônica etc. –, ao menos no primeiro momento, é preciso dar-se um tempo de observação para experimentar "o que acontece" interiormente. Trata-se daquilo que Christian Gaillard chama de "deixar acontecer, deixar-se impressionar, permitir que a obra se apresente diante de você e em você" (2010, p. 125). Ou, como Jung diria, de se ter uma atitude circum-ambulatória, isto é, refletir sobre ela de diferentes pontos de vista que a obra de arte oferece de si mesma.

Nesse sentido, tomemos *O livro de areia* (1975), do escritor argentino Jorge Luis Borges (1899-1986). O texto registra situações aparentemente comuns, mas em todos os contos, a vida das personagens é perturbada quando há uma incisão de "elementos insólitos".

Por exemplo, em *O disco*, tal como o lenhador, acreditamos que "no bosque há lobos, mas os lobos não me amedrontam e meu machado nunca me foi infiel", e amparados no acordo com os irmãos "mais velhos" podemos derrubar "todo o bosque até não restar uma única árvore" (2012, p. 91). E assim nos dispomos a matar todo aquele que tenta nos impedir de possuir aquilo que julgamos nos pertencer, ainda que depois do crime não encontremos mais o que tanto ambicionamos, e sem consciência do mal que nos possui.

É com essa sociedade de "lenhadores" que a Conferência das Nações Unidas sobre Desenvolvimento Sustentável, está lidando.

A terra clama de todos os pontos cardeais que ninguém é inocente, mas que a sombra sobre os mares, rios, cidades, florestas e as espécies tem a forma humana. Mas cuidado! Essa situação não é para estimular a aversão a nós mesmos. A misantropia pode fortalecer os discursos das indústrias e das agências financeiras mundiais, ávidas por sufocar as boas intenções de proteção e preservação do meio ambiente, a fim de vender seus produtos. A aversão ao ser humano, devido à maldade inerente a nossa natureza, gera a cultura da depressão, ou seja, de como é impossível corrigir nossas atividades exterminadoras, temos de nos conformar a ela, e continuar sob a luz bruxuleante do fracasso e ao culto da idealização da natureza.

O "machado" simboliza a tecnologia e seus avanços sobre a nossa alma, alterando, para sempre, a paisagem e nós mesmos. Adaptados às técnicas, nós as consideramos partes da natureza, e não mais produtos de nossas mentes e mãos, na opinião de Andrew Samuels (1995).

A crença na tecnologia se fortalece à medida que a razão humana ofusca a importância dos mitos, e toma o seu lugar, segundo Roger Bastide (1898-1974).

> Entre as coisas e os homens, um novo corpo, intermediário, se substituiu ao antigo, composto de cidades de cimento e ferro, de usinas fechadas, de máquinas de viver, de comer, de dormir, de fazer amor. As fumaças escondem o céu, o ar e água se emporcalham com nossos dejetos, os postes elétricos tomam o lugar de árvores vivas, as paisagens já não passam de cartazes de propaganda, as lâmpadas de *néon* apagaram as estrelas, e nós nos agitamos numa floresta de correias de transmissão, engrenagens giratórias, bielas e bate-estacas (BASTIDE, 2006, p. 105).

Se do inconsciente vieram os "machados" que nos machucam e nos matam, dele também vêm ideias e medidas que facilitam o desenvolvimento sustentável do planeta. Cada ser humano é capaz de reconhecer o que é essencial, o que é prioritário e o que tem valor perene para si e para as futuras gerações.

É preciso considerar que é o consumismo egocêntrico que fundamenta a ordem social e moral de nossos tempos, e que quanto mais intransigentes forem nossas percepções neste campo, maiores serão as exigências a uma mudança de posicionamento frente às demandas da natureza que nos impõem limites cada vez menores às nossas ambições.

Portinari e Picasso para o Brasil de hoje

Se olharmos para o painel "Guerra e Paz", de 1952-1956, do brasileiro Candido Portinari e o "Guernica", de 1937, do espanhol Pablo Picasso, ambos denunciam a devastação que o ser humano pode trazer sobre a sua comunidade.

Portinari contrabalança a guerra com a paz, como que deixando-nos o trabalho de reconstrução da esperança conforme a responsabilidade de cada um.

Picasso, todavia, revela o horrendo desespero da guerra, a crueza da vontade de poder sobre os outros que pode tornar a vida irrecuperável.

Portinari e Picasso interpretam o espírito humano sem neutralidade, com um sentido social fortemente comprometido de denúncia ao que podemos produzir, quer como indivíduos em nossas vidas pessoais e em nossa comunidade.

Desde que interpretemos os nossos instintos, plasmados nestes painéis, podemos perceber a nossa experiência subjetiva frente ao nosso país nestes dias.

Refiro-me especificamente aos ataques que estão presentes nas manifestações de rua e nas redes sociais que visam desqualificar, demonizar, ridicularizar, deteriorar, desmoralizar, banalizar e desconstruir as pessoas daquilo que nos caracteriza como seres humanos, numa clara demonstração de ódio, reforçando, ainda mais, as diferenças sociais, econômicas, culturais, religiosas e, até as condições de saúde mental. Segundo Aniela Jaffé (1903-1991):

> Estes instintos por vezes nos parecem misteriosos, mas guardam correlação com a vida humana: o fundamento da natureza humana é o instinto. O homem é a única criatura capaz de controlar por vontade própria o instinto, mas é também o único capaz de reprimi-lo, distorcê-lo e feri-lo – e um animal, para usarmos de uma metáfora, quando ferido, atinge o auge da sua selvageria. Instintos reprimidos e feridos são os perigos que rondam o homem civilizado; impulsos desenfreados são os piores riscos que ameaçam o homem. O homem precisa domar o animal que há dentro dele e torná-lo um companheiro útil (JAFFÉ, 1995, p. 239).

Em uma troca de e-mails, em 2016, com a doutora em filosofia pela PUC-RS, Tiziana Cocchieri, compartilho do mesmo sentimento, assim formulado: "Penso que não há um 'eles e nós', mas só o nós. Negar essa realidade é como se contradizer, pois ao se referir ao 'outro grupo' com termos pejorativos ou de modo desrespeitoso, não seria um comportamento semelhante ao que se critica, além de sectário? Creio que por isso mudam os personagens e o cenário continua o mesmo: descomprometimento, desperdício, incompetência, excessiva leniência, irresponsabilidade, negligência, procrastinação, falta de interesse em crescer em conhecimento, ética e sabedoria. Essa polarização que temos visto me parece ser mais um sintoma de imaturidade emocional e intelectual a que demonstrações de vontade de querer crescer".

Conta-se que, em 1940, quando a cidade de Paris estava ocupada pelos nazistas, um oficial alemão, diante de uma foto de Guernica, perguntou a Picasso se sabia quem havia feito aquilo. O pintor teria respondido: "Vocês".

Em nosso país, a depender do que resultar dos ataques de nossos instintos a que estamos expostos, teremos consciência de responder: Nós mesmos?

No "escurinho do cinema", comendo pipoca, mas ampliando a consciência

> O teatro é o lugar da vida irreal, é a vida na forma de imagens, um instituto psicoterapêutico onde os complexos são encenados: pode-se ver ali como essas coisas funcionam. Os filmes são bem mais eficientes do que o teatro; são menos restritos, capazes de produzir símbolos incríveis para mostrar o inconsciente coletivo, uma vez que seus métodos de apresentação são tão ilimitados (JUNG, 2014, p. 35).

A trajetória da sétima arte (cinema) teve início com uma plateia de trinta e três espectadores, há mais de 120 anos (1895), no Salão Egípcio do Grand Café de Paris, com os filmes *A saída dos operários da fábrica Lumière* e *A chegada do trem na estação de Ciotat*, dos irmãos Auguste e Louis Lumière. A sessão durou apenas vinte minutos.

O cinema excita a infinita diversidade de aspectos da nossa alma, que a razão, sozinha, é incapaz. "A riqueza dos filmes, sua sonoridade, imagens, dinamismos e enredo nos levam aos recônditos de nossa alma e, muitas vezes, sem nos apercebermos, eles nos afetam e nos transformam", segundo Dulcinéa Monteiro (2013, p. 10).

O cinema é a síntese de todas as artes. O cinema reúne, recria e difunde todas as demais expressões artísticas, como a música, a poesia, a fotografia, a literatura, a pintura, a escultura e a arquitetura em seus argumentos.

"O cinema conduz a tecnologia até a arte, reproduz a luz e a cor, eleva o movimento e o ritmo às alturas das artes chamadas 'nobres', para gerar a fantasia, a ficção e a realidade", conforme a analista junguiana chilena Claudia Grez Villegas (2015, p. 86).

Mais do que contar histórias de entretenimento, o cinema coloca-nos em contato com aquilo que não somos conscientes a respeito de nós mesmos; move-nos nessa direção; por meio dele, nossos afetos conscientes e inconscientes são mobilizados. Como diz Jung (2007, p. 195): "O cinema, como o romance policial, torna-nos capazes de viver sem perigo todas as nossas excitações, fantasias e paixões". O cinema, portanto, nos fascina.

A proverbial frase "No escurinho do cinema", da canção *Flagra* (1982), imortalizada na voz da cantora Rita Lee, faz um contraponto significativo com os irmãos Lumière (irmãos da Luz), mas especialmente com uma compreensão mais ampla do cinema na afirmação de Jung (2003, p. 335): "Não nos iluminamos ao imaginarmos figuras de luz, mas ao tornarmos a escuridão consciente".

O cinema como uma "arte visionária" (JUNG, 1985) é mais um recurso para ampliar a compreensão de nós mesmos. Ao ver o que se passa com as personagens é possível perceber que não é muito diferente o que acontece com a gente, em nossas vivências pessoais e coletivas, mais íntimas, em nossos amores, em nossas emoções mais profundas.

John Beebe (2005), acerca do filme de Steven Spielberg (1946-), *A lista de Schindler* (1993), chama a atenção para o símbolo da fábrica de panelas esmaltadas do protagonista como de um vaso alquímico onde são combinados os vários elementos da sua personalidade com o dos mais de mil e cem judeus que salvou da morte nas câmaras de gás de Auschwitz. A observação de Beebe nos serve como referência ao que precisamos olhar atenta e escrupulosamente, como mencionado anteriormente, quando se deseja contemplar os conteúdos inconscientes representados na arte.

Cinéfilos ou apenas espectadores, o cinema não nos deixa indiferentes: "Como tela de projeção da nossa realidade, o cinema mesclou toda a beleza da arte com os arquétipos, os simbolismos da vida, o surreal, a complexidade das relações entre as pessoas e com os meandros da emoção da alma humana" (MONTEIRO, 2013, p. 188).

Na alma da poesia

> O poeta é, por assim dizer, idêntico ao processo criativo, tanto faz que ele se tenha colocado deliberadamente à frente da moção criadora ou que esta o tenha tomado por inteiro como instrumento, fazendo-o perder qualquer consciência deste fato. Ele é a própria realização criativa e está completamente integrado e identificado com ela com todos os seus propósitos e todo o seu conhecimento (JUNG, 1985, p. 109).

A presença da poesia deve ser notada num trabalho sobre arte. E, a contribuição da psicologia analítica, ainda que apenas para descrever o mistério criador presente nessa expressão artística, é valiosa.

Destacando dentre tantos poetas, insiro a Vinícius de Moraes (1913-1980) em nossa roda. Poeta, diplomata, escritor, jornalista, letrista, dramaturgo, cronista, compositor, intérprete... Vinícius, acima de tudo um apaixonado pela vida e por tudo que ela oferece, em especial pelas pessoas – amigos, operários, artistas, intelectuais, gente humilde, boêmios, e é claro, mulheres "com todas delicado e atento", até com as "feias", pode ser considerado "um clássico". "Vinícius é o único poeta brasileiro que ousou viver sob o signo da paixão. Quer dizer, da poesia em estado natural", afirmou Carlos Drummond de Andrade (CASTELO, 1994, p. 11).

A paixão o levou a experimentar altos e baixos, quer dizer, todas as suas dimensões; conheceu o céu e o inferno do amor, e como escreveu em 1962: "Para viver um grande amor, primeiro é preciso sagrar-se cavaleiro e ser de sua dama por inteiro".

O "poetinha" se deixou ser experimento das emoções, servindo-nos de sinal quanto à necessidade de colocar a intelectualidade em seu devido lugar. Aliás, esta era usada para produzir imagens de seu estado de alma. Assim ele declarou: "Acho que o amor que constrói para a eternidade é o amor-paixão, o mais precário, o mais perigoso, certamente o mais doloroso. Esse amor é o único que tem a dimensão do infinito" (LISPECTOR, 1999, p. 18).

Não são ideias que mudam o mundo, mas a arte que transcende qualquer compreensão consciente e, quanto melhor, quando se dirige contra a norma estabelecida pela racionalidade, que precisa ceder lugar à fenomenologia psíquica, à criatividade, à gênese de toda ciência. "Nada é mais nocivo e perigoso para a vivência imediata do que o conhecimento" (JUNG, 1985, p. 121).

Nada mais influenciava Vinícius Moraes. A criatividade em forma de poesia o levou a servir a humanidade. A criatividade foi a sua maior paixão, sua única e exigente "dama". Ele escreveu:

> Porque a poesia foi para mim uma mulher cruel em cujos braços me abandonei sem remissão, sem sequer pedir perdão a todas as mulheres que por ela abandonei. [...] Porque haverá nos olhos, na boca, nas mãos, nos pés de todos uma ânsia tão intensa de repouso e de poesia, que a paixão os conduzirá para os mesmos caminhos, os únicos que fazem a vida digna: os da ternura e do despojamento (MORAES, 2006, p. 171).

A permanente atitude circum-ambulatória

A julgar pelas imagens que correm o mundo, estamos em estado de guerra. Mais uma vez! Não me refiro aos grandes movimentos de forças militares no planeta, como: a instalação de mísseis russos nas fronteiras com a Polônia e a Lituânia; o acordo de cooperação de informações militares entre o Japão e a Coreia do Sul, para se defenderem da Coreia do Norte; o presidente eleito dos Estados Unidos, Donald Trump, prometer ampliar investimentos financeiros, nas ações bélicas da Europa e a promessa de invadir a Venezuela.

Refiro-me, sim, às imagens compartilhadas nas redes sociais que vêm apresentando forte conteúdo de desamparo

Jung e os desafios contemporâneos

163

diante das misérias humanas e registram o estado de guerra que estamos vivendo: ações violentas por parte da polícia militar contra os movimentos sociais que protestam contra o governo e/ou ocupam as escolas e universidades no país; povos indígenas massacrados e destituídos de suas terras; o flagelo dos refugiados da Síria, Afeganistão, Iraque, Iêmen como o maior fluxo migratório da história, depois da Segunda Grande Guerra; a chegada de milhares de imigrantes africanos e haitianos em várias cidades brasileiras; desenhos, fotografias, esculturas e pinturas de imagens, como que saídas dos sonhos dos autores, que denunciam o sofrimento psicológico que advém dessas condições.

Nossos sonhos são um rio profundo e extenso de imagens que corre ao nosso encontro. Navegamos em águas fortes, revoltas, agitadas, turvas, escuras e perigosas.

Expressar essas imagens conduz-nos a encontrarmos o sentido da nossa vida individual, à importância que temos enquanto pessoas, indivíduos, especialmente neste processo de massificação e alienação que o mundo, dominado pelos ambiciosos pelo poder de controle, está experimentando.

Pincéis, tintas, formões, cinzéis, lápis tornam reais, no mundo externo, as imagens que psiquicamente atuam no mundo interior. Você deixa de ser passivo e se depara com um ato seu, com algo que não foi elaborado pelos dominadores deste mundo. Tem-se a chance de interagir, reagir, refletir sobre o que saiu de suas mãos. Está modelando a si mesmo, rejeitando ao modelo que se impõe à força.

Essa "arte" ativa a fantasia e motiva a uma tomada de posição diante da vida. A fantasia ganha realidade; liberta da opressão psíquica; possibilita a chance de ver que no fundo da nossa alma habitam tanto a morte quanto a vida, luz e sombra, liberdade e opressão, solidariedade e indiferença, prudência e ingenuidade; desenvolve a criatividade para enfrentar as forças massificadoras que impedem ser a si mesmo.

A guerra que estamos vivendo está dentro e ganhando espaços cada vez maiores no mundo exterior. Estamos sendo mobilizados, isto é, sendo movimentados por nosso complexo de poder que, permanecendo passivos, seremos engolidos pela cruel massificação e alienação.

Analisar o espírito de época não é uma tarefa simples. Talvez, por isto o célebre Fernando Pessoa dissera: "Navegar é preciso. Viver não é preciso".

Viver difere a cada época. Na Idade Média a Igreja definia os padrões éticos e morais da sociedade ocidental, depois do protestantismo e do avanço da espiritualidade e filosofia orientais, tudo se alterou, para melhor e para pior.

Cada época tem uma energia psicossocial própria que anima a humanidade. Contudo, os espíritos de época coexistem, não se extinguem por completo, acompanham as gerações. Há muitas pessoas que se ocupam com problemas de uma época que, aparentemente, não existe mais. Basta observar algumas posturas em conceitos como família, pesquisas científicas, sistemas econômicos etc.

De acordo com o historiador e cientista político camaronês Achille Mbembe (2017): "O principal choque da primeira metade do século XXI não será entre religiões e civilizações. Será entre a democracia liberal e o capitalismo neoliberal, entre o governo das finanças e o governo do povo, entre o humanismo e o niilismo". Portanto, estamos expostos aos abalos políticos, econômicos, espirituais e psicológicos do atual espírito da época.

O problema é que o espírito da época se impõe como "o" critério de toda a verdade e se apresenta como a "única" possibilidade de saída racional para todas as dificuldades. Nesse sentido, o espírito de época é uma religião dogmática, uma crença que não tolera divergências.

O germe do espírito da época está em nós. Segundo Jung (2007, p. 315): "Em nossa vida mais privada e mais subjetiva somos não apenas os objetos passivos, mas os fautores de uma época. Nossa época somos nós!"

Podemos, ainda, caracterizar o espírito de época como: vaidosamente soberbo e pretensioso, autorreferente, excessivamente confiante em si mesmo, não deixa margem para contestações, a si mesmo se basta porque tem explicações e ordenamentos para tudo e os impõe a todos, despreza os sentimentos mais simples. Em outro lugar, conforme Jung (1986, p. 653): "O espírito da época não se enquadra nas categorias da razão humana. É uma propensão, uma tendência sentimental, que, por motivos inconscientes, age com soberana força de sugestão sobre todos os espíritos mais fracos de nossa época e os arrasta atrás de si".

Gostemos ou não, temos de enfrentar o jogo do espírito da época que é travado em nossa psique. Nesse caso, a psique dos homens que é capaz de tudo por amor às coisas, ao mundo da praticidade e utilidades é chamada a se envolver com as pessoas; e a psique das mulheres que é capaz de fazer tudo por amor às pessoas, pois julga mais importante o relacionamento com os outros, é chamada a ser capaz de se envolver com o mundo das coisas. Isso quer dizer que há "outro" espírito que governa a profundeza da psique com o qual temos de nos relacionar, renunciando a nossas preferências.

Jung, há mais de 100 anos, em 1915, compartilhou a sua experiência: "O espírito dessa época gostaria de ouvir sobre lucros e valor. Também eu pensava assim e meu humano ainda pensa assim. Mas aquele outro espírito me força a falar apesar disso para além da justificação, de lucros e de sentido. [...] O caminho conduz ao amor mútuo em comunidade" (2013, p. 109).

A arte nos apresenta soluções de onde menos se espera

A restauração de vínculos pessoais de que o nosso tempo está precisando, em meio a tantas animosidades que teimam em manter o distanciamento das pessoas, sempre se mostra em imagens simbólicas que as artes nos apresentam.

A saída do "beco sem saída" é por onde menos se espera. Não é pela via do excesso das grandezas pessoais, na base do "você sabe com quem está falando?"

O problema é que a racionalidade dos argumentos lógicos fica insegura em deixar o caminho tantas vezes percorrido, mesmo quando sabe que os resultados não são os melhores. É mais fácil percorrer e permanecer no sulco fundo e estéril a se abrir ao não usual, ainda que possibilidades de novas capacidades relacionais, mais promissoras e garantidoras de vida e liberdade, sejam inconscientemente pressentidas com o auxílio das artes.

É por onde menos se espera, por exemplo, dos nossos opostos que nascem como de uma "terra seca" e dos menos importantes fazem um mundo melhor. Só assim, pelo caminho da sensibilidade e dos sentimentos, podemos alcançar uma visão de mundo ampla e múltipla, com valores que transcendem a visão unilateral e estreita da razão.

Busquemos por perspectivas que levem em conta (PERES, 2017, p. 2):

Que nossas incongruências e traições inventem propostas para o diálogo;

que as murmurações inventem saudades para preservar a memória do belo;

que o trágico invente razões para novas utopias;

que o nosso mau gosto invente indagações para que surja o senso crítico;

que as conquistas inventem prêmios para que as perdas sejam boas lições;

que a arrogância invente necessidades para brotar a simplicidade;

que as humilhantes exigências inventem motivos para a autocrítica;

que a pressa do imediatismo invente a paciência;

que as imagens aparentemente desconectadas entre os acontecimentos inventem interações novas para novas integrações;

que o sensacionalismo invente suportes para novos conteúdos;

que a ingenuidade da corrupção invente temores reais aos destruidores riscos;

que a fraternidade invente atestados para percebermos a proteção com o outro;

que os obscuros caminhos da intolerância inventem os passos para a luz da paz;

que os dogmatismos inventem vulnerabilidades para uma viva espiritualidade;

que o ter invente veredas para não perdermos os caminhos do ser;

que a alienação invente mapas para caçar a consciência;

que a banalização da vida invente sentimentos para a valoração da vida;

que a desmedida da racionalidade invente planos para o ressurgimento da magia da mística do sagrado;

que a ternura invente boas maneiras para sermos mais leves;

que a satisfação invente o contentamento sincero com aquilo que já possuímos para a inveja não tatuar o nosso caráter ou que a inveja invente maneiras de provar o próprio caráter;

que a honestidade invente ângulos atraentes para a dissimulação não servir como vocação ou que a dissimulação invente ângulos melhores para a honestidade não ser apenas de aparência;

que a caridade invente oportunidades para a maldade se tornar, cada vez mais, rara ou que a maldade invente oportunidades para ter menor espaço;

que a liberdade invente responsabilidades para a opressão não ser patrimônio de nenhum de nós ou que a opressão invente responsabilidades para não se instalar;

que a solidariedade invente afinidades para a indiferença não nos dividir ou que a indiferença invente jeitos de aproximar as pessoas;

que a vergonha invente brio para não sermos cínicos ou que o cinismo invente o brio da vergonha;

que o acolhimento invente olhares para desarmar esquemas de perseguição e traição ou que os esquemas de perseguição e traição inventem sabotagens;

que a amizade invente os laços para o próximo não ser explorado ou que a exploração invente os laços para a sua forca;

que a tolerância invente novos caminhos para não sermos moralistas hipócritas ou que a hipocrisia invente a sinceridade com o mundo;

Jung e os desafios contemporâneos 169

que a reflexão invente argumentos cheios de alma para não esperarmos por aplausos como recompensas coletivas;

que a verdade invente outros pontos de vista para não sermos dogmáticos ou que o dogmatismo invente as possibilidades de o oponente existir;

que a música invente pontos para bloquear ataques e xingamentos ou que os ataques e xingamentos inventem formas de silenciar;

que o bem-dizer invente hábitos para a maledicência ser exorcizada ou que a maledicência invente a cura para as feridas que provoca.

Referências

BASTIDE, R. (2006). *O sagrado selvagem e outros ensaios*. São Paulo: Companhia das Letras.

BEEBE, J. (2005). A iluminação junguiana do cinema. *Cadernos Junguianos*, vol. 1, n. 1, p. 79-87.

BORGES, J.L. (2012). *O livro de areia*. São Paulo: Mediafashion.

CASTELLO, J. (1994). *Vinícius de Moraes*: O poeta da paixão: uma biografia. São Paulo: Companhia das Letras.

GAILLARD, C. (2010). Jung e a arte. *Pro-Posições*, vol. 21, n. 2 (62), p. 121-148 [Disponível em http://www.scielo.br/pdf/pp/v21n2/v21n2a09.pdf – Acesso em 12/01/2019].

HILLMAN, J. & SHAMDASANI, S. (2015). *Lamento dos mortos*: A psicologia depois de *O Livro Vermelho* de Jung. Petrópolis: Vozes.

JAFFÉ, A. (1995). *O homem e seus símbolos*. Rio de Janeiro: Nova Fronteira.

JUNG, C.G. (2014). *Seminários sobre análise de sonhos* – Notas do Seminário dado em 1928-1930 por C.G. Jung. Petrópolis: Vozes.

_____ (2013). *O Livro Vermelho – Liber Novus*. Petrópolis: Vozes.

_____ (2007). *Civilização em transição*. Petrópolis: Vozes [OC 10/3].

_____ (2003). *Estudos alquímicos*. Petrópolis: Vozes [OC. 13].

_____ (2000). *Os arquétipos e o inconsciente coletivo*. Petrópolis: Vozes [OC 9/1].

_____ (1989). *Símbolos da transformação*. Petrópolis: Vozes [OC 5].

_____ (1986). *A natureza da psique*. Petrópolis: Vozes.

_____ (1985). *O espírito na arte e na ciência*. Petrópolis: Vozes [OC 15].

_____ (1980). *Psicologia do inconsciente*. Petrópolis: Vozes [OC 7/1].

LISPECTOR, C. (1999). *De corpo inteiro*. Rio de Janeiro: Rocco.

LÓPEZ-PEDRAZA, R. (1999). *Hermes e seus filhos*. São Paulo: Paulus.

MÃE, V.H. (2018). Escrever rumo ao desconhecido. *Youtube* [Disponível em https://www.youtube.com/watch?v=84lTL6T6Wlk – Acesso em 20/12/2018].

MBEMBE, A. (2017). A era do humanismo está terminando. *Revista do Instituto Humanitas Unisinos*, 24/jan. [Disponível em: http://www.ihu.unisinos.br/186-noticias/noticias-2017/564255-achille-mbembe-a-era-do-humanismo-esta-terminando].

MONTEIRO, D.M.R. (org.) (2013). *Jung e o cinema*: psicologia analítica através de filmes. Curitiba: Juruá.

MORAES, V. (2006). *Para viver um grande amor*: crônicas e poemas. São Paulo: Companhia das Letras.

NIETZSCHE, F. (1888). Cartas a Peter Gast. Nice, 15 de janeiro de 1888.

PERES, S.L. (2017). A solução vem de onde menos se espera. *Jornal da Manhã.* Marília.

SAMUELS, A. (1995). *A psique política.* Rio de Janeiro: Imago.

VILLEGAS, C.G. (2015). *Los puentes en el cine: símbolos arquetípicos de cruce entre fronteras.* 2. ed. Santiago: Sociedad Chilena de Psicología Analítica [Temátikas Junguianas, II].

8 A política

Fernando Bortolon Massignan

A política, enquanto *arte do bem comum*, envolve o entendimento de temas complexos, como concepção de sujeito (eu); de ética (vida boa), de moral (relação com o próximo) e de justiça (a coisa certa a ser feita).

Desde o seu surgimento como objeto de pesquisa científica, a psicologia manteve um campo de inter-relação significativa com o tema política, destacando-se, a título de exemplo, a influência das teorias psicanalíticas para a formação da base ideológica da Escola de Frankfurt e as críticas de C.G. Jung aos acontecimentos políticos de sua época.

Além disso, as emoções geradas pelo embate político, as quais, normalmente, não poderiam estar mais distantes dos ideais de realização do ser humano, têm o potencial de influenciar a psique individual.

Partindo dessas concepções pretende-se, sob uma perspectiva multidisciplinar da psicologia das profundezas, da filosofia política e da filosofia do direito, observar esse fenômeno na psique humana e a tensão existente nesses campos com o objetivo de permitir um posicionamento mais concreto sobre o tema.

Pela extensão do problema, optou-se por realizar um corte metodológico para abordar, de forma sintética, as ideias de

Kant, de parte do pensamento da Escola de Frankfurt e de John Rawls frente ao pensamento de Amartya Sen. Por fim, será abordada a questão ética e a posição pessoal do indivíduo.

Com esse objetivo, a abordagem preconizada para este capítulo foi dividida em quatro tópicos, sendo o primeiro destinado à evidenciação da concepção do eu político frente ao fenômeno das massas; no segundo tópico, será abordado o tema da guerra política como fator de crise e de vetor para projeção inconsciente da *sombra*; no terceiro, serão abordadas as concepções de justiça social, ética e moral para, ao final, demonstrarmos a importância da conduta individual como vetor de transformação, sob a perspectiva da filosofia clássica e da psicologia das profundezas de C.G. Jung.

O indivíduo: o ego político e as massas

C.G. Jung, seguido por renomados autores junguianos contemporâneos, dos quais se destacam Andrew Samuels, James Hillman e, mais recentemente, Jordan B. Peterson, enfatizam que o tema "política" tem o potencial de influenciar decisivamente a psique caracterizando-se como importante fator de neuroses. Por outro lado, em que pese tal constatação, Hillmann (2006, p. 26) indica que os psicoterapeutas, embora estejam acostumados a tratar temas relativos à orientação sexual, família, questões econômicas e religiosas, são muitas vezes omissos em relação ao enfrentamento do tema da política, sendo que tal omissão indicaria a existência de uma possível *repressão*.

O sistema psicológico proposto por C.G. Jung, ao defender que a energia psíquica não se restringe à sexualidade, mas flui por canais biológicos, psicológicos, morais e espirituais, orienta no sentido de que os eventos exteriores repercutem na psique individual, sendo que tal fato impõe ao analista a necessidade de realizar "uma discussão com o seu tempo, por mais que o alarido político, o embuste da propaganda e o grito desafinado dos demagogos lhe causem repugnância" (JUNG, 1990, p. 2).

Com efeito, a função *par excellence* da psicoterapia é, justamente, viabilizar a cura das neuroses, as quais são caracterizadas por uma espécie de crise na psique que necessita de união ou re-união mediante a conscientização dos fatores que a ocasionaram. É somente por esse meio que o objetivo máximo da análise, que é a individuação, realizar-se-á (JUNG, 2001, [267]).

O oposto da *individuação* seria, justamente, a identificação do indivíduo com os ideais coletivos, situação que o levaria à *inflação* e, em uma situação mais extrema, à megalomania. Nesses casos, a *persona* manifestar-se-ia de forma predominantemente coletiva, vinculada a um sistema familiar, cultural ou a um ideal de massa, os quais, por sua vez, são incapazes de consciência (SAMUELS, 1986, p. 23). Partindo dessas premissas, resta-nos analisar o que seriam as massas.

O fenômeno das massas já foi objeto de reflexão de grandes pensadores como Nietzsche, Freud, Ortega y Gasset, Kant, Eric Voegelin, Jung, entre outros, os quais, mesmo que partindo de perspectivas diferentes, revelam uma certa constância ao afirmar que, no momento em que a adesão aos ideais massificados ultrapassa um nível afetivo e emocional razoável, o indivíduo acaba por abdicar da sua dignidade, passando a ser mero repetidor de *slogans* e desejos quiméricos. Tal situação se caracteriza como uma espécie de possessão coletiva que, progressivamente, conduz a uma epidemia psíquica que impossibilita a compreensão e tratamento desses elementos neuróticos (JUNG, 1990, p. 5).

Quando o movimento de massa age, cessam os regulamentos humanos e são os arquétipos que passam a atuar, aglutinando, especialmente, pessoas pouco conscientes, conforme Jung nos expõe:

> Nestas condições, prevalecem todos os elementos da população que levam uma existência antissocial, tolerada pela ordem da razão. Esse tipo de indivíduo não é simplesmente uma curiosidade apenas vista nas prisões e hospícios. Em minha opinião, para cada caso manifesto de doença mental existem ao menos dez casos latentes. [...]
>
> O seu estado mental corresponde a um grupo da população que se acha coletivamente exaltado por preconceitos afetivos e fantasias de desejo impulsivas. Nessa espécie de ambiente, eles se sentem totalmente ajustados e em casa. Eles conhecem, por experiência própria, a linguagem desses estados e sabem lidar com eles.

Ilustrando esse tema de forma simbólica, recorre-se à brilhante descrição feita pelo sumo poeta Dante, na *Divina comédia*, no canto em que ele e Virgílio alcançam a última vala do oitavo círculo do inferno (ou seja, no átrio do último círculo infernal) e encontram os gigantes Nimrod, Ephialtes e Antaeus. Esses gigantes representam o último nível de fraude (todos fraudadores encontram-se no oitavo círculo), pois podem ser interpretados como imagens das forças cegas que estão na alma do indivíduo e na sociedade, quando o amor e a razão são bloqueados pelas primitivas emoções da massa (SAYERS, 1949, p. 269).

Nimrod é o primeiro gigante que encontram, o qual tem a característica de proferir uma série de sons desconexos e palavras sem sentido. Esse foi o gigante que participou na construção da Torre de Babel, simbolizando, nesse encontro, a quebra das forças criativas em palavras que simplesmente perderam o poder de comunicação. Virgílio explica essa situação a Dante sob o seguinte verso:

> Para ele [Nimrod] disse meu guia:
> "Ó alma oca,
> Cata essa trompa que te desafoga
> Quando ira ou paixão outra te toca".
> E a mim depois [...]
> "Larguemos dele e de prosa perdida,
> Porque pra ele é assim qualquer linguagem
> Qual pra outrem é a sua, desconhecida" (*Divina comédia*, XXXI, 70, 79).

Tal ideia nos remete aos clichês e jargões que normalmente são utilizados pelos movimentos de massa, os quais representam a falta de clareza das ideias e a vinculação a um ideal emotivo e utópico. A utilização dos jargões, seja na fala de líderes políticos, seja na fala individual, indica uma restrição de ordem intelectual e emotiva sobre temas específicos, situação que a imagem simbólica de Nimrod é capaz de ultrapassar a descrição meramente lógica.

O segundo gigante que os poetas encontram é Ephialtes, o qual tem as mãos aguilhoadas, uma pela frente e outra por trás. Ele não representa mais a falta de comunicabilidade, mas indica a violência gerada pelas massas.

Por fim, os poetas encontram o gigante Antaes que representa a vaidade sem racionalismo, pois as massas têm a tendência de atribuir a si mesmas todo o repositório da virtude enquanto, para o lado inimigo, atribuem todos os vícios e males.

Sob essa interpretação, as misérias causadas pelos condutores das massas são um fenômeno presente na história, que o digam Hitler, Stalin e Mao, sobre os quais não escondemos a esperança de que, de fato, estejam no átrio do último círculo infernal.

Para além do fenômeno das massas visto sob o aspecto de sua violência, denotado pelo nível emocional acima do aceitável, também já foi objeto de crítica no âmbito da filosofia e da psicologia a chamada "cultura de massas".

A disseminação da imprensa de Gutenberg fez com que Goethe (apud LOWENTHAL, 1961, p. 20) alertasse acerca da possibilidade de uma aglutinação das ideias coletivas e que, tal fato, poderia se tornar um incômodo para quem não viesse a pensar como todos os demais.

Nietzsche (1992, p. 133), por sua vez, entendia que a cultura de massas promovida pelos jornais e pela educação da época criava uma cultura medíocre, que poderia levar ao conformismo de rebanho e à perda da individualidade. Ortega y Gasset (1933, p. 154) referia que a revolução da mídia impressa havia permitido que se pudesse replicar, acriticamente, opiniões de editoriais, fazendo com que as pessoas se sentissem especialistas acerca de todos os assuntos, situação que, hodiernamente, pelo advento da internet e, mais recentemente, das redes sociais, foi elevada a um grau antes inimaginável.

Digno de nota que, atualmente, há uma pesquisa acerca do tema coordenada pelo ganhador do Prêmio Nobel em Ciências Econômicas Daniel Kahneman, a qual, em certa medida, acabou revisitando os chamados mecanismos de defesa do ego, atualizando-os, ampliando e colocando-os sob nova roupagem, intitulada de "vieses", destacando-se, para esse caso, o viés vinculado à *heurística do afeto*, no qual a pessoa, uma vez aderindo a uma corrente ideológica, passa a aceitar apenas os argumentos que julga aderentes à mesma; e o *viés da confirmação*, segundo o qual, nessas condições, as pessoas tendem a consumir e replicar apenas as opiniões que estejam de acordo com a sua pré-compreensão, fazendo com que persistam fiéis até mesmo a uma crença já desmentida (KAHNEMAN, 2011, p. 133). Esses fenômenos que agora constam medidos pela neurociência, já eram observáveis empiricamente.

Com efeito, embora tenhamos a tendência de nos afirmarmos como indivíduos conscientes, detentores de livre-arbítrio e, de certa maneira, isolados desse senso coletivo, a teoria psicológica sempre nos recorda que todos sofremos a influência, em maior ou menor grau, do espírito da época e de elementos reprimidos constituintes da *sombra*. Em graus elevados, uma pessoa pode, sem notar, tornar-se vítima de sua vida emocional inconsciente (JUNG, 2008, p. 21) e, por que não, inconscientemente projetar a sua sede de significado em conceitos corporificados por ideologias, religiões, líderes ou, até mesmo, no Estado, caindo vítima dessa força caótica.

Além disso, atualmente não se pode mais negar que, em muitos casos, a formação das massas não ocorre por acaso, mas se caracteriza como produto de teorias idealizadas que lhe subjazem, as quais são conduzidas por intelectuais que buscam impor seus ideais à realidade. Vemos esses ideais se descreverem como ligados a Marx, ao marxismo cultural e aos pensadores da chamada Escola de Frankfurt; ao liberalismo (no sentido americano do termo[1]) ligados às ideias

---

1. O liberalismo americano difere do que se chama de liberalismo no Brasil. Nos Estados Unidos os democratas representam os *liberals*, que são aqueles que propõe um Estado de bem-estar social enquanto no Brasil um liberal está vinculado à ideia de liberalismo econômico clássico proposto por Adam Smith.

de Kant e John Rawls; ao Pragmatismo ligados às ideias de William James ou de economistas, ou, ainda, ao conservadorismo cujos pontífices podem ser relacionados com Burke, Chesterton e, mais recentemente, Sir Roger Scruton. O embate dessas correntes evidencia o que se convencionou chamar de "guerra política", tema que se traz a lume pela importância da sua relação com o trabalho da sombra.

O problema da guerra política e o trabalho com a sombra

> *Os homens não têm ideias, são as ideias que têm os homens.*
>
> C.G. Jung

Crise é uma palavra de origem grega [*crisis*] que significa separação, abismo. Essa separação, embora inerente à existência humana, uma vez que existir é estar em crise, é agudizada no campo de batalha político, necessitando de pontes de união, as quais, de tempos em tempos, são construídas por pessoas das mais diversas áreas, as quais buscam inteligir (*inter lec*, captar entre), traduzir os acontecimentos e, se possível, catalisar os elementos dissidentes para permitir um nível de tolerância aceitável entre os semelhantes.

Para as pessoas (e até mesmo para os chamados especialistas) que estejam enviesadas em um nível acima do razoável e pouco dedicadas à conscientização, a crise política permite que se arvorem líderes que são instrumentos da deflagração do que se chama *guerra política*.

O termo *guerra política* trata de nomenclatura técnica que remete a uma guerra de posição pelo Cratos, comportando apenas duas espécies de envolvidos, quais sejam: o amigo e o inimigo, inexistindo meio-termo entre ambos. O discurso do "amigo" é usualmente viabilizado com termos amistosos que indicam para os ouvintes que o seu lado político é o que propala a justiça, a igualdade, a caridade, a bondade..., enquanto o lado inimigo é, logicamente, o mal-intencionado, portador de regressos e, principalmente, do medo (HOROWITZ, 2013, p. 5). Não é por acaso, portanto, que vemos preconceitos atribuídos às massas populacionais, intituladas de fascistas ou de esquerdistas, conforme o caso.

Na guerra política, o uso do afeto sobre termos é vetor de sensibilização do indivíduo para sua comunhão com a massa. Afinal, todos pretendemos estar do lado do bem, que defende a liberdade, a justiça, a igualdade... embora, em termos políticos, algumas vezes esses termos sejam utilizados apenas como objeto de retórica, como um fim em si mesmos, com significado relativo ou relativizável, conforme abordaremos alhures.

Esses fatores descritivos da guerra política induzem o indivíduo a ter comportamentos extremados, facilitando a ocorrência da projeção de suas facetas ruins em outras pessoas ou grupos. Por meio desse subterfúgio, tem a sensação de limpar a si mesmo, o que possibilita que se sinta superior, evitando se confrontar com a sua própria natureza. Porém, quando se perde uma batalha na guerra política, situação que é um tanto comum, o fator emocional contrariado faz com que, regularmente, se encontre no indivíduo o resquício de um sentimento deprimido de ódio, raiva e agressividade (SAMUELS, 1994, p. 32).

Von Franz (2008, p. 172) refere que a agitação política, em todos os países, é cheia de projeções muito semelhantes às fofocas em pequenos grupos individuais. Tais projeções

Jung e os desafios contemporâneos 181

tornam opaca a visão que temos de nossos semelhantes, afastando toda a possibilidade de uma relação humana genuína, pois o mal que vemos no outro acende o mal em nós.

Tal atitude é um tanto natural se lembrarmos a advertência de Jung no sentido de que o encontro consigo mesmo é uma das experiências mais desagradáveis que podem acontecer em nossa existência. Então, buscar um inimigo externo faz parte da fuga desse desagradável, mas necessário, encontro. A dificuldade dessa situação remete ao chamado trabalho da *sombra*, o qual afeta toda a personalidade egoica, sendo que o desafio de a tornar consciente envolve reconhecer os aspectos obscuros da personalidade, no sentido de serem carentes de identificação consciente, como aspectos presentes e reais (JUNG, 2008, p. 8). Tal reconhecimento implicaria reconhecer que o tirano externo também está dentro de nós.

Jung sustentava que o trabalho da sombra era fundamental não apenas para o indivíduo, mas para a sociedade circundante e que, especialmente após a Segunda Guerra Mundial, dever-se-ia desafiar qualquer espécie de negação da mesma, pois, psicologicamente falando, perder consciência da sombra implica aumentar o seu poder (JUNG, 1990, p. 4).

O exemplo clássico utilizado por Jung (1990, p. 3) é o próprio nazismo, situação em que uma sociedade extremamente intelectualizada, detentora das filosofias mais profundas, acabou vítima do seu lado emocional obscuro, permitindo a incorporação do arquétipo do deus Wotan na figura de Hitler.

Tal situação faz com que se inviabilize uma tolerância dialética (de construção de tese-antítese e síntese) e até mesmo um diálogo minimamente racional, pois a pretensão usual se restringe à confirmação de sensações, compulsões de pertencimento a um grupo, vinculação à propaganda política ou, também, às chamadas projeções de figuras arquetípicas como o herói, pai, mãe etc., que são canalizadas sobre determinados líder ou sobre o Estado. Os exemplos às caricaturas projetivas abundam nesse sentido, seja para o lado da direita, seja para o lado da esquerda, sendo que a saída que Jung propõe para ficar imune a tal influência é, justamente, a conscientização da sombra.

Porém, com o objetivo de superar essas dissonâncias provocadas pelo discurso meramente retórico, que em nosso país se refletiram de forma pasteurizada como adesão a movimentos de *esquerda* ou de *direita*, perpassa-se não apenas uma proposta econômica mais ou menos estatizante, como normalmente é abordada, mas também uma perspectiva de realidade ligadas desde a concepção de Eu, de ética (vida boa), de moral, de justiça e, finalmente, de poder, as quais, em relação aos movimentos políticos, estão necessariamente vinculadas a um tempo e espaço determinados.

Decorrem dos valores de justiça e poder os princípios de igualdade e liberdade, respectivamente, os quais são conflitivos por natureza, uma vez que a plena liberdade implica a maior desigualdade e a plena igualdade implica o fim da liberdade.

A conscientização desses termos coloca o problema no âmbito da filosofia e da filosofia do direito, sobre a qual passa-se a expor para permitir um passo adiante no debate.

Algumas reflexões acerca das concepções de moral, ética e justiça frente ao tipo psicológico

O pressuposto da política que permitiria uma definição mais correta acerca das posições de direita e de esquerda perpassa pela concepção de "eu", de verdade (se objetiva ou subjetiva) e, principalmente, de justiça. Não é por acaso que, se recorrermos à *República* de Platão, observaremos que na maior parte da obra há preocupação com a definição do que é a "justiça" e como estabelecê-la, não somente para a *polis* grega, mas para o indivíduo. Além disso, o tema segue presente, bastando observar os inúmeros cursos sobre ética e justiça que abundam em nosso tempo; a venda de milhões de exemplares do livro *Justice* de Michael Sandel e os constantes embates políticos sobre igualdade nos mais diversos planos.

Algumas vezes, mimetizando a ideia socrática, tenho a prática de propor aos meus alunos o seguinte questionamento: "agora que vocês já são formados, estudaram cinco longos anos de direito, expliquem-me, por favor, o que é a justiça?"

O desconforto causado por essa pergunta se faz, justamente, em razão de sua aparente elementaridade e da paradoxal dificuldade em expressar racionalmente tudo o que ela representa.

À medida que o desconforto vai sendo vencido, as respostas acabam surgindo, elencando temas como: tratar desigualmente os desiguais e igualmente os iguais, que é o conceito de justiça isonômica; ou garantir os bens básicos ao maior número de pessoas, que seria uma noção utilitarista de justiça; ou, ainda, fazer cumprir a lei, que seria uma noção positivista jurídica de justiça.

Há, entretanto, uma malícia embutida nessa pergunta, pois seria ilusório querer definir, de forma abstrata e de uma só vez, um sentido unívoco da noção de justiça, pois, até mesmo os conceitos mais comuns são irreconciliáveis, conforme expõe Chaim Perelmann (2002, p. 4-12) em seus exemplos de espécies de justiça que ele enumera sob os seguintes ditames:

1) A cada um a mesma coisa (tratamento igualitário a todos, sem distinção).

2) A cada qual segundo os seus méritos (meritocracia, nesse contexto avalizando sacrifícios e intenções).

3) A cada qual segundo suas obras (ligando a justiça apenas ao resultado das obras individuais).

4) A cada qual segundo suas necessidades (ligado à busca de diminuir os sofrimentos existenciais).

5) A cada qual segundo a sua posição (forma aristocrática de justiça).

6) A cada qual segundo a lei lhe atribui (sentido jurídico).

7) Poder-se-ia ainda acrescentar a noção de justiça utilitarista (o bem para o maior número de pessoas), entre outras.

Diante das antinomias existentes entre as diversas propostas acerca da definição de justiça, para sustentar a preferência por algum sistema, os filósofos modernos buscam a realização de aproximações por métodos eidéticos ou pragmáticos. Fazendo-se uso da analogia, poderia se traçar que as teorias morais abrangentes interessam àqueles que buscam legislar a partir de fora da caverna enquanto os empiristas pretendem organizar a vida de forma prática, a partir de dentro da própria caverna.

Segundo Jung, tal distinção de perspectiva decorre, em boa parte, do tipo psicológico que caracteriza o indivíduo, o qual influenciará decisivamente a visão de mundo e concepção filosófica que defende, situação que faria emergir o que chamou de embate entre sensualistas e racionalistas. Nesse embate, enquanto o sensualista faz alarde da inegável certeza de sua realidade, o idealista insiste na sua própria realidade. O papel da psicologia, nesse caso, é tomar consciência dessas características e evitar, a todo custo, tentar reduzir um tipo a outro, como se toda diferença do outro fosse apenas função do um (JUNG, 1991, § 53).

Samuels também destaca a importância da consideração do tipo psicológico na composição política, sustentando que muitas incompreensões derivam, justamente, do ponto de partida das diversas teorias, referindo que *"assim como os introvertidos e os extrovertidos sofrem de uma incompreensão mútua, as pessoas de um determinado tipo político frequentemente não têm nenhuma ideia de como pessoas de um tipo diferente estariam realmente 'fazendo' política"*.

Vamos destacar parte dessas abordagens, iniciando com teorias morais abrangentes, demonstrando como seduzem e induzem para uma utopia racionalista para depois abordarmos sumariamente o empirismo como seu contraponto.

A política e sua relação com as chamadas doutrinas morais abrangentes

Os racionalistas buscam traçar normas a partir de um plano ideal de realidade, para estabelecer postulados lógicos derivados da razão e/ou do exercício dialético que orientarão a formação da sociedade.

Uma das principais influências dessa perspectiva pode ser atribuída à filosofia moral de Kant que, na tentativa de combater as ideias de Swedemborg, estabeleceu a premissa de que somente a razão poderia ser a origem dos princípios práticos supremos, e que essa mesma razão se bastaria a si mesma para determinar a vontade do indivíduo (KANT, 1986, p. 19).

O homem, para Kant (homem ideal, que venceu a menoridade), é descrito como um ser racional e razoável apto para "ouvir a voz da razão" e disposto a escutar e levar em consideração a razão dos outros. Sob essa premissa, um tanto otimista e limitada, Kant traça a importância da *autonomia* individual, que significa a capacidade individual de escolher as máximas que devem ser desejadas como leis universais, concedendo ao ser humano uma função autolegisladora (WEBER, 2013, p. 14).

A moralidade da ação, desse modo, seria validada pela ideia de autonomia individual, cuja regra constaria explicitada no chamado *imperativo categórico* kantiano, o qual se constitui sob as três seguintes formulações: a) age apenas segundo uma máxima tal que possas, ao mesmo tempo, querer que ela se torne lei universal. b) Age de tal maneira que uses a humanidade, tanto na sua pessoa como na pessoa de qualquer outro, sempre e simultaneamente, como fim, e nunca simplesmente como meio. c) Age de tal maneira que a vontade pela sua máxima se possa considerar a si mesma, ao mesmo tempo, como legisladora universal (WEBER, 2013, p. 29).

Essas máximas estabelecem a ideia do ser humano como "legislador universal" o qual seria capaz e teria o dever de estabelecer normas ontológicas, de dever-ser. Tal método, entretanto, na ânsia de criar uma justiça social ideal, teve a tendência de desprezar, em maior ou menor grau, as contingências vinculadas a determinado tempo e espaço, como vemos ocorrer nas ideias de John Rawls quando postula a sua chamada "posição original", de Ackerman em relação a sua ideia de "espaçonave", de Habermas quando defende a "situação ideal de fala", entre outros (FORST, 2010, p. 195).

Jung, ao analisar a filosofia kantiana e classificar Kant como tipo introvertido clássico, refere que a abordagem ontológica não se constitui nem como argumento nem como prova mas como "simples demonstração psicológica de que existe uma classe de pessoas para a qual uma ideia determinada tem eficácia e realidade" – uma realidade que, inclusive, pode rivalizar com o mundo da percepção (JUNG, 1991, § 54).

A assertividade de Jung acerca do tema pode ser comprovada nas teorias que foram decisivamente influenciadas pela teoria kantiana. Nesse sentido, destaca-se a influência de sua demonstração acerca dos limites da racionalidade (antinomias kantianas) e da negação da transcendência do conhecimento humano sobre filósofos como Hegel, Karl Marx e, de forma mais específica para o presente artigo, a chamada Escola de Frankfurt a qual trouxe influências significativas tanto para o campo do direito como para o campo da psicologia, sob forte influência das teorias psicanalíticas, econômicas e sociológicas.

A Escola de Frankfurt (Institut für Sozialforschung) surgiu na Alemanha logo após a Primeira Guerra Mundial com o objetivo de propugnar formas de instauração das teorias comunistas no continente europeu (REALE, 2007, p. 233). A matriz de sua filosofia se caracteriza pela oposição às premissas do liberalismo clássico, entendendo que a sociedade, entregue a si mesma e às suas leis, geraria a opressão, a exploração do homem pelo homem, a miséria e a riqueza de poucos privilegiados (SANTOS, 1962, p. 30); são essas as premissas que deram nascimento à escola crítica que teria a finalidade de conduzir ao advento de uma sociedade sem exploração.

Como referido, sua abordagem abrangeu diversos campos, sobre os quais nos restringiremos a uma análise sintética dos temas psicologia e justiça para permitir uma compreensão do seu posicionamento, pois essa segue sendo uma das principais influências das ideias políticas atuais.

Inicialmente, sob a perspectiva psicológica, pode-se destacar a participação de psicanalistas como Erich Fromm, do qual se destaca seu livro *Psicanálise da sociedade contemporânea*, Wilhelm Reich em *A revolução sexual*, e Herbert Marcuse em seu conhecido livro *Eros e a civilização*.

Dessas teorias psicanalíticas, enquanto Wilhelm Reich e Herbert Marcuse defendiam que a repressão sexual se caracterizaria como principal instrumento de manutenção das subestruturas do capitalismo e, como sua oposição, a liberdade sexual deveria ser utilizada como instrumento revolucionário, Erich Fromm, por sua vez, teceu críticas ao capitalismo, no sentido de que o homem possuiria uma razão cognitiva e uma razão instrumental, sendo que teria deixado a primeira em estado de latência para deixar ser reduzido a mero instrumento de consumo. Além disso, sustentava que o homem, embora tenha evoluído sua técnica a ponto de permitir a submissão da natureza, embora tenha conquistado a liberdade das autoridades seculares e clericais, embora tenha erigido sua razão como juiz, ainda assim fugia da liberdade de construir uma sociedade sadia por ter se tornado temeroso e vítima da chamada cultura de massa (FROMM, 1979, p. 340).

Sob a perspectiva da filosofia do direito, com o objetivo de estabelecer as bases ideais de uma sociedade justa, o nome de destaque da Escola de Frankfurt foi o filósofo Jurgen Habermas, o qual referiu que não bastaria estabelecer racionalmente normas gerais do direito, mas as ciências humanas deveriam fundar a ética e a política sob bases racionais (CORREAS, 2004, p. 15).

Abordando essa problemática, em 1994, Rainer Forst, orientando de Habermas e integrante da terceira geração da escola frankfurtiana, elaborou de forma mais pontual e, aparentemente muito acertada, a *distinção entre ética, moral e direito* com a devida atualização, referindo que uma teoria da justiça deveria, antes de mais nada, saber a qual desses campos está se dirigindo e, de fato, sendo esclarecida essa categoria, o debate político afastaria uma série de problemas paralelos, como veremos.

O autor categoriza normas morais, éticas e jurídicas, classificando as normas morais como sendo aquelas universais, que implicam respeitar cada pessoa como representante da comunidade universal dos seres humanos, a imoralidade, por seu turno, residiria em não respeitar o próximo como ser humano (FORST, 2010, p. 233).

Da moral, que ainda é tratada em um campo por demais abstrato, decorrem, valores, princípios e regras que formariam as normas jurídicas, as quais, sempre que impostas, necessitariam de justificação perante o que desde Kant se chama de "auditório universal", ou seja, são normas essencialmente racionalizáveis e sujeitas ao embate dialético.

As comunidades éticas, por sua vez, embora também decorram da moral, definem o que é "vida boa" de forma individual ou coletiva sob ideais ligados à cultura local, tais como as religiões em suas diversas matizes, centros de cultura regionalista, comunidades, clubes, seitas etc., e, embora encontrem limites vinculados à dignidade humana, não necessitam que suas prescrições sejam justificadas perante um auditório universal. Em uma comunidade ética, valoriza-se a tradição herdada, o respeito aos costumes e a inter-relação entre os diversos membros (FORST, 2010, p. 335-336).

Da dissonância entre as concepções oriundas de comunidades éticas e jurídicas nascem as discussões mais emotivas, aludindo temas como: a possibilidade de casamento entre homossexuais; aborto; possibilidade de transfusão de sangue para pessoas de determinados cultos confessionais; questões sobre eutanásia; suicídio etc.

Nesse embate, os direitos subjetivos garantidos pela comunidade jurídica teriam a finalidade de assegurar ao eu ético constituído comunitariamente um espaço de liberdade para poder desenvolver e revisar sua identidade (FORST, 2010, p. 40-41). Ou seja, uma pessoa que não se sinta mais confortável numa comunidade ética, teria o direito de se desvincular dela para desenvolver sua personalidade na comunidade jurídica, a qual abrangeria todas as comunidades éticas possíveis. Nesses casos, podemos imaginar uma pessoa que seja excomungada de determinada comunidade religiosa, como foi o caso de Spinoza, ou que venha a "trair" um movimento político etc., as quais, embora tenham sido expulsas de seu contexto ético, ainda assim devem ter proteção na comunidade jurídica.

A título de exemplo, tivemos recentemente no Brasil uma discussão acerca do casamento entre homossexuais. O Supremo Tribunal Federal decidiu, no julgamento do RE 475126-SC, que, embora a Constituição Federal referisse de forma expressa o conceito de família constituída entre homem e mulher, dentro de uma comunidade jurídica esse direito deveria ser garantido a todos, indistintamente.

A decisão garante, com muita autoridade, direitos de indivíduos presentes em uma comunidade jurídica. Algo totalmente diferente seria, entretanto, uma decisão que obrigasse determinada religião ou clube a realizar casamentos entre homossexuais, pois aí estaria interferindo dentro de uma comunidade ética, atitude que seria tão autoritária quanto, a contrário *sensu*, uma norma que obrigasse alguém a participar de determinada comunidade ética, coagindo os indivíduos a se converterem ao islamismo, judaísmo, cristianismo; utilizar esta ou aquela vestimenta, ou a participar de determinado clube ou partido político.

A comunidade ética, portanto, trata acerca do que é "vida boa" para determinados indivíduos, sob princípios que devem ser respeitados pela comunidade jurídica, sendo que o direito deveria ser (ontologicamente) neutro em relação à mesma.

Cabe citar a contradição da referida escola no sentido de que, embora proponha a neutralidade acerca do que seria a "vida boa", ela se posiciona em termos valorativos sob as premissas do relativismo, niilismo e materialismo, ou seja, propõe um conceito de "vida boa" que seria o da ideia revolucionária. Classifica-se essa escola como uma teoria moral abrangente, pois ao negar a realidade objetiva e dar primazia ao discurso, chegando a manifestar que a realidade seria mera narrativa que atingiu o consenso, atua sob premissas eidéticas do que seria a coisa certa a fazer, desconsiderando as consequências objetivas, pois elas sempre serão relativizáveis. Assim, ao negar um ponto de vista abrangente, acaba aderindo a um ponto paralelo de mesma grandeza, mas de valência negativa – no sentido de negar o ser.

Por fim, ainda no campo do dever-ser, podemos referir a teoria da justiça com maior audiência nos tempos modernos, que foi a teoria proposta por John Rawls, a qual, para além dos princípios morais kantianos, foi estabelecida sob a base da equidade.

John Rawls[2] lançou sua *Teoria da justiça* no ano de 1971, caracterizando-se como um marco do contratualismo

---

2. Andrew Samuels, em seu livro *Política no divã*, elenca que a *Teoria da justiça* de Rawls seria o paradigma a ser seguido [por ele] (SAMUELS, 1994, p. 150).

moderno, estabelecendo a ideia de justiça como equidade, cuja aplicação dar-se-ia em sociedades já existentes. Para tanto, também defendeu a necessidade de ação de membros legisladores universais, sugerindo que, na construção do conceito de justiça, as pessoas, para discutirem seus princípios de justiça, deveriam se revestir do que chamou de "véu da ignorância" imaginando-se em uma posição original na qual estariam despidas de sua personalidade, não sabendo qual papel designariam na sociedade, para então estabelecer quais seriam as normas e condutas justas (RAWLS, 2008, p. 13-15). Tal mecanismo de imaginação teria a finalidade de situar simétrica e equitativamente as pessoas em suas deliberações as quais passariam a refletir a necessidade de uma justiça equânime. Sob essas condições, as pessoas, provavelmente escolheriam dois princípios, quais sejam: primeiro, que a igualdade deve ser maximizada; e, segundo, propõe o princípio da diferença no sentido de que a existência de desigualdades econômicas e de autoridade somente poderá vir a ser considerada justa se houver certa recompensa para os demais membros da sociedade, especialmente os mais desfavorecidos (RAWLS, 2008, p. 75).

Muitas críticas se levantaram contra essas teorias, especialmente em relação à indevida elevação do sujeito a legislador universal; que sua ideia de liberdade seria insuficiente; como também, da impossibilidade de se ignorar a contingência e a formação histórica de caráter nacional. Além disso, há críticas no sentido de que o legislador universal seria, normalmente, um reflexo daqueles mesmos sujeitos que propõem essa teoria, no caso Kant e Rawls, e nunca um total desconhecido como um indígena ou um rabino ortodoxo.

Tanto as normas ônticas como ontológicas tendem a criar esquemas realmente complexos e sedutores, e, embora demonstrem realidades psíquicas e tenham a capacidade de resolver determinados problemas práticos, ignoram um componente caótico que não pode ser compreendido ou previsto no plano ideal.

Para ilustrar esse componente caótico, que pode ser traduzido como o erro da unilateralidade psíquica, citamos como exemplo das decorrências imediatas do primado da razão proposto por Immanuel Kant a sua influência sobre o ideal iluminista da Revolução Francesa, cujo resultado se distanciou do que se espera de algo razoável para incidir em barbarismos e ocasionar novas séries de tiranias. No mesmo sentido, o racionalismo influenciou o pensamento da própria Alemanha, fato que não evitou que anos mais tarde arvorecesse a chegada de Hitler ao poder, apoiado inclusive pelos intelectuais da época.

C.G. Jung nos relata que o primado da razão foi um dos fatores que ocasionaram o nazismo, pois ao se reprimir o sentimento em demasia, se permitiu que Wotan, fator psíquico de natureza irracional, se materializasse e comandasse a nação (JUNG, 1990, p. 5).

Em relação às teorias de John Rawls, que estabeleceu que a justiça política deveria evitar questões éticas, aspirando, sob esse aspecto da ontologia, a neutralidade em relação às escolhas pessoais de bem (RAWLS, 2008, p. 4), tal proposta falhou em criar uma verdadeira empatia com os cidadãos, especialmente na política americana.

Nesse sentido, Sandel exemplifica que no maior ponto de influência de Rawls, que era o Partido Democrata, suas ideias foram paulatinamente sendo superadas (2012, p. 306-307), sendo que Barack Obama, quando ainda candidato à presidência, identificou essa tendência ao objetar que o desconforto demonstrado por alguns progressistas diante de qualquer menção à religião muitas vezes impediu de abordar assuntos realmente importantes em termos morais:

> os secularistas estão errados quando pedem aos crentes que deixem sua religião para trás antes de entrar na vida pública. Frederick Douglas, Lincoln, Martin Luther King – na verdade a maioria dos grandes reformistas da história dos Estados Unidos – não somente eram movidos pela fé como frequentemente usavam a linguagem da religião para defender suas causas. Assim, dizer que homens e mulheres não deveriam levar sua "moral pessoal" para o debate sobre políticas públicas é um absurdo. Nossa lei é, por definição, uma codificação da moralidade, grande parte dela fundamentada na tradição judaico-cristã (SANDEL, 2012, p. 312).

Embora Obama tenha vislumbrado a importância da abordagem ética e moral no âmbito jurídico/político, pois é ela quem dá a unidade a uma comunidade nacional, nas eleições de 2016 quem aproveitou essa aproximação com o eleitorado não foi o Partido Democrata, mas o Partido Republicano, com Donald Trump.

Trump, em seu discurso, enfatizou a unidade moral americana, que abrange tanto o ético como o jurídico sendo digno de nota seu discurso proferido após sua eleição, na Polônia, no qual elogiou o povo polonês por ter mantido sua identidade moral e ética (ARAÚJO, 2017)[3].

Além disso, conforme Sandel nos refere (2012, p. 312) a tentativa de dissociar os argumentos de justiça e direitos dos

---

3. As raízes etimológicas de moral e ética referem-se à costumes; então, muitas vezes, os autores se referem a uma ou a outra de forma indistinta, como nesse caso.

argumentos da ética/moral é equivocada por duas razões: "primeiro porque nem sempre é possível decidir questões sobre justiça e direitos sem resolver importantes questões morais (ou éticas); segundo porque, mesmo quando isso é possível, pode não ser desejável".

Contra essas proposições, fazem frente às posições ditas pragmáticas.

A posição "pragmática"

Em 1935, Keynes, economista americano, referiu que "homens práticos, que se julgam imunes a quaisquer influências intelectuais, geralmente são escravos de algum economista já falecido". Desde já, diga-se que, embora impactante, tal afirmação é um pouco exagerada, pois, em assuntos econômicos, as decisões não são somente direcionadas por ideias ou interesses, mas também pela tirania das circunstâncias (GALBRAITH, 1982, p. 3).

As ideias econômicas estão vinculadas a determinado tempo e espaço, como se pode extrair das teorias de Adam Smith e sua oposição por Karl Marx; Keynes e sua oposição por Von Mises, entre outros, sendo que, neste estudo, em termos de empirismo, cita-se a posição de Amartya Sen, ganhador do Prêmio Nobel de economia no ano de 1998, que traçou críticas à teoria de justiça de John Rawls referindo a necessidade de se evitar a atenção aos princípios filosóficos que proporiam mudança social, dirigindo-os para causas reais de injustiça e desigualdade, tal como a busca pelo fim da miséria (SEN, 2011, p. 38).

Amartya Sen refere que a criação de instituições normalmente propostas por abstrativistas não seria suficiente para promover a justiça, pois elas imprescindem para o seu funcionamento de seres humanos, os quais são falíveis, referindo:

> É claro que existe um contraste radical entre uma concepção de justiça focada em arranjos e uma concepção focada em realizações: esta necessita, por exemplo, concentrar-se no comportamento real das pessoas, em vez de supor que todas sigam o comportamento ideal (SEN, 2011, p. 36-37).

Amartya Sen pretende que as evidências de injustiça materializadas sejam o ponto de partida para suas remediações e que apenas a remediação seja ordenada por critérios razoáveis. Dessa forma, o economista reconhece os avanços que foram conquistados ao longo de séculos de história.

Além disso, digno de crítica é o fato de que a proposições de ideais podem acabar em exageros, como o exemplo da busca por uma igualdade ideal, desvinculada de questões biológicas, geográficas, psíquicas... a qual acaba conflitando com o princípio de liberdade, segundo o qual o também ganhador do Prêmio Nobel em Ciências Econômicas Milton Friedman defendia que seria pior reduzir o homem a uma perfeita igualdade entre escravos do que manter a desigualdade e garantir sua respectiva liberdade mesmo que permitindo determinada ineficiência.

Com efeito, as tentativas de implementar a igualdade idealizada partem de movimentos que acentuam a desigualdade. É possível observar que, nas experiências de implementação do socialismo, o que se viu foi uma classe política definida por um partido que passou a ser detentor de todo o poder e se distanciou vertiginosamente da massa populacional, como é o caso que neste exato momento vemos ocorrer na Venezuela, onde mais de 60% da massa populacional emagreceu em média cerca de 11 kg em apenas um ano enquanto se vislumbrou o efeito oposto sobre o seu ditador.

A sustentação dessas teses consiste em que, sendo a política instrumento de promoção do bem comum, essa deve buscar o que é bom para o homem em termos práticos. William James é a referência máxima do pragmatismo, e sustentava que, no mundo empírico, verdade seria o mesmo que utilidade. Nesse sentido, o teste da verdade seria a consequência prática e sob a perspectiva do justo, seria o que é o útil e que coopera para a paz (REALE, 2007, p. 85).

Entretanto, essa perspectiva imanente esbarra em problemas básicos como a discussão do que é o "bem", uma vez que, sob essa teoria, este seria meramente mutável e contingente, carecendo de substância.

Diante da tensão existente entre os dois polos, sendo inegável que ambos podem trazer contribuições, situa-se o indivíduo, para o qual a psicologia pode trazer o entendimento sobre o papel a desempenhar na concretização do chamado bem comum.

A contribuição junguiana para o tema política

If we are uneducated, we shall not
know how very old are all new ideas.
G.K. Chesterton

Das diversas contribuições inauguradas por C.G. Jung destacamos, desde o início deste artigo, o *telos* da individuação. Para Jung, a responsabilidade individual é fator determinante para o processo de desenvolvimento psíquico, implicando noções de responsabilidade moral, objetividade em relação aos fatos e, por que não, caráter.

Theodor Dalrymple, psiquiatra inglês contemporâneo, tem defendido que as utopias são utilizadas como evasivas para afastar a responsabilidade individual e transformar o sujeito de atos bárbaros em simples vítima das circunstâncias (2017, p. 92). É nesse sentido que Dalrymple tece críticas à influência da psicanálise freudiana sobre a aplicação da justiça punitiva:

> O efeito geral do pensamento psicológico na cultura e na sociedade tem sido esmagadoramente negativo, já que dá a falsa impressão de um aumento enorme no autoconhecimento humano que nunca foi alcançado, encoraja a evasão da responsabilidade ao transformar os sujeitos em objetos pelos quais supostamente se responsabiliza ou que lhe interessam como experiências subjetivas, e torna raso o caráter humano porque desencoraja o exame de si mesmo e o genuíno autoconhecimento (DALRYMPLE, 2017, p. 92).

As visões utópicas, ao classificarem o ser humano como produto determinado pelas circunstâncias históricas; a razão humana como instrumento de produção (razão instrumental) e a moral como reflexo das condições históricas e sociais, acabam lançando tanto o bem como o mal de forma projetiva sobre sistemas eidéticos e sem a correspectiva responsabilidade individual, incidindo na visão satirizada por T.S. Eliot de que os "utópicos sonham com uma sociedade tão perfeita que ninguém terá que ser bom" (DALRYMPLE, 2017, p. 87).

Roger Scruton, da mesma forma, defende que a busca de inversão da realidade objetiva proposta pela mente revolucionária teria um fundo inconsciente baseado no ressentimento, sob o qual essas pessoas buscariam não a verdade ou a ajuda aos mais necessitados, mas sim, unicamente, a vingança contra os mais competentes para que o poder venha a ser concentrado em suas mãos (SCRUTON, 2017, p. 184).

Esse é um dos motivos que favorecem a guerra política a deformar a responsabilidade individual, porque torna as pessoas lenientes com abusos cometidos pelos seus partidários – até porque a definição de abuso passa a ser relativa – e intolerante mesmo com acertos das políticas contrárias.

Além disso, partindo-se da premissa da busca pela individuação, insta referir que a mesma depende de políticas que promovam a proteção do indivíduo e das individualidades, pois mesmo que tenhamos exemplos de realização humana em situações de extrema coação, como no caso de Viktor Frankl, é o indivíduo e não o Estado o motor da sociedade, conforme proclamado por Jung quando de sua análise da Primeira Guerra:

> Os processos psicológicos que acompanham a presente guerra, além de toda a incrível brutalização da opinião pública, das mútuas difamações, da fúria de destruição sem precedentes, da monstruosa inundação de mentiras, e da incapacidade humana de dar um basta aos diabólicos derramamentos de sangue são os mais adequados possíveis para empurrar vigorosamente até bem diante dos olhos dos seres pensantes todo o alcance do problema do inconsciente caótico, em seu agitado cochilo, logo abaixo da camada do mundo organizado da consciência. Esta guerra revelou, sem piedade, ao homem civilizado, o quanto ele ainda é um bárbaro... Mas a psicologia do indivíduo corresponde à psicologia da nação. O que a nação faz é feito também por seus indivíduos e, enquanto estes o fizerem, a nação também o fará. Somente uma mudança de atitudes por parte das pessoas dará

início a uma mudança na psicologia da nação (SHAMDASANI, 2011, p. 315).

Sonu Shamdasani (2011, p. 318), ao analisar o tema, refere que embora Jung tivesse tentado forjar um elo entre a psicologia individual e a psicologia coletiva, "ele considerava que as soluções para os problemas coletivos seriam mais bem encontradas por meio da transformação psicológica dos indivíduos".

"A tensão existente entre as ideologias de direita e de esquerda, entre o individual e o coletivo, entre liberdade e igualdade [...], se dá no plano horizontal, sendo que Jung nos explica que enquanto a consciência procura o sentido unívoco e as decisões claras, ela acaba, constantemente, buscando libertar-se de argumentos e de tendências opostas. Nessa tarefa, especialmente, os conteúdos incompatíveis ou permanecem inconscientes ou são deliberadamente preteridos, necessitando de um ponto de união transcendente" (JUNG, 1985). Por esse motivo é que Jung também sempre enfatizou a aproximação da abordagem simbólica da realidade como elemento de aproximação com o ponto de união transcendente, tema que pode ser aprofundado em um artigo futuro.

Enquanto Samuels (1994, p. 89) propõe que, para evitar as projeções danosas, dever-se-ia exigir que o político fosse não um herói, mas apenas alguém suficientemente bom; e, no mesmo sentido, Habermas predica a morte do homem virtuoso e, como consequência, que todas as atitudes que o consenso reputa como corretas devam ser normatizadas, fica o questionamento se o político suficientemente bom será a mesma pessoa que o homem virtuoso a quem caberá normatizar as condutas. Porém, quem será esse sujeito se não predicarmos, antes de tudo, o caminho da consciência individual e da responsabilidade moral individual?

Mary Stefanazzi (2012), buscando essa resposta, defende que a psicoterapia deveria retomar o olhar sobre a questão ética, nos termos propostos por Aristóteles, pois essa permite uma ligação entre o bem comum social e o bem individual.

É nesse sentido que o próprio Aristóteles expõe em sua *Ética a Nicômaco* (2007, p. 29) que a busca do ser humano pela felicidade [*eudaimonia*] necessita de ligação com objetos perenes, não existindo nada mais atemporal – já em seu tempo – que as virtudes [*areté*]. A felicidade se definiria para Aristóteles como a atividade conforme à virtude, sendo ainda hoje inegável que atitudes como coragem, temperança, liberalidade, prudência, amizade ainda indicam um caminho positivo quando respeitadoras das demais pessoas, e a temeridade, libertinagem, vaidade, orgulho indicam atitudes nocivas para a psique individual e coletiva.

A perda do homem moderno das chamadas certezas metafísicas, trocando-as pelo ideal de segurança material, do bem-estar e do humanitarismo, acabou abalando a organização da sua consciência coletiva (BOECHAT, 2014, p. 46-47), pois acabou negando uma importante parte de seu ser. Jordan B. Peterson (2018, p. 35) sustenta que embora as forças do empirismo e da racionalidade tenham tentado matar o mito, ainda assim nosso comportamento acaba sendo moldado pelas mesmas regras místicas que guiaram nossos ancestrais por milhares de anos.

Assim, a dialética materialista, relativista, jamais conseguiu conciliar esses dois termos, pois, conforme Dostoiévski nos referia, "se Deus (ponto transcendente) está morto, então tudo é permitido", e é sob esse mesmo argumento que Peterson refere que, mesmo que se tenha "matado Deus", ainda assim as interações são baseadas em pressupostos judaico-cristãos.

Como proposta conciliadora dessa cisão, Louis Lavelle (2012, p. 311) refere que a relação e harmonia entre imanência e transcendência, que seria a correspondência entre a inteligência presente na "alma do mundo" com a inteligência soberana criadora – que move os céus e as estrelas – é bem sintetizada por Platão na sua ideia de Bem, sendo que a proposta junguiana retoma a conciliação entre esses pontos extremos, como é sintetizado por James Hillman ao sugerir que a cura para o processo individual é um paradoxo, pois requer a harmonia entre duas posições incomensuráveis: o reconhecimento moral de que as duas partes de mim (e da sociedade) são onerosas e intoleráveis e necessitam mudar, sendo que, por outro lado, a risada amorosa que as aceita como são [...] o moralismo ocidental e o abando oriental: cada um possui apenas uma parte da verdade (HILLMAN, 1987, p. 77).

Além disso, a proposta junguiana, ao enfatizar a complexidade do indivíduo frente às diversas matizes que abarcam os tipos psicológicos existentes, propõe o diálogo e a tolerância com o próximo, ideia que rivaliza com as utopias, as quais, para permitir a sua consolidação, ceifaram milhões de indivíduos pelo caminho e impossibilitaram a atualização de seus respectivos potenciais.

A busca junguiana pela individuação atribui ao indivíduo o dever de responsabilidade moral e ética. A guerra política, as massas e a cultura de massas, quando aderidas e manifestadas na *persona* individual, tendem a impedir a consciência, afastando o *telos* da individuação e impedindo, no âmbito social, o ideal democrático que é o diálogo.

A demonstração das ideias políticas da atualidade, entre idealistas/racionalistas e pragmáticos, evidenciou uma tensão ambivalente para a consecução do que seria justo, ético e moral, havendo uma necessidade de equilíbrio entre essas dimensões de debate.

A proposta junguiana contribui para essa análise ao demonstrar a existência e influência do tipo psicológico sobre a potencial adesão a determinada ideia política, demonstrando que caberá ao indivíduo manter-se, em todos os casos, com o devido respeito em relação aos demais, mantendo, outrossim, em relação à sua posição filosófica, uma certa neutralidade que garanta a liberdade de ação para a realização do processo de amadurecimento de cada ser humano. Tal pressuposto, que considera a validade parcial das diversas posições políticas, evoca o adágio de que um Estado não se faz apenas entre semelhantes.

Por fim, as pesquisas propostas por C.G. Jung demonstram que o mito da Modernidade (da busca pelo racional, vinculada ao mito do cientificismo, e de um Estado de bem-estar social) acabou não abarcando o ser humano em sua complexidade, incitando o crescimento da sombra sobre as partes excluídas. Com o objetivo dessa integração, a filosofia, especialmente a helênica, propõe, em relação ao Si-mesmo, o desenvolvimento das virtudes nos termos da ética e, em relação ao social, a ideia política de bem comum. Tais ideais ainda servem como polos de união entre o bom imanente e o Bem transcendente, ligando-se às ideias de imitação para o despertar da consciência (cf. SHAMDASANI, 2011, p. 318).

Com a licença poética, Kierkegaard nos deixa a mensagem em termos resumidos do estado que bem representa a terceira e última fase do processo de individuação proposto por Jung: *"ousemos ser nós próprios, ousemos ser um indivíduo, não um qualquer, mas este que somos, só face a Deus, isolado na imensidade do seu esforço e da sua responsabilidade"*.

Referências

ARAÚJO, E.H.F. (2017). Trump e o Ocidente. *Cadernos de Política Exterior*, vol. 3, n. 6, 2017 [Brasília. FUNAG].

ARISTÓTELES (2007). *Ética a Nicômaco*. São Paulo: Martin Claret.

BOECHAT, W. (2014). *O Livro Vermelho de C.G. Jung* – Jornada para profundidades desconhecidas. Petrópolis: Vozes.

CORREAS, C.I.M. (2004). *Filosofía Del Derecho* – El Derecho Y Los Derechos Humanos. Buenos Aires: Abeledo-Perrot.

DALRYMPLE, T. (2017). *Evasões admiráveis* – Como a psicologia subverte a moralidade. São Paulo: É Realizações.

FORST, R. (2010). *Contextos da justiça* – Filosofia Política para além de liberalismo e comunitarismo. São Paulo: Boitempo.

GALBRAITH, J.K. (1982). *A era da incerteza*. 3. ed: São Paulo, Pioneira.

HABERMAS, J. (1982). *Conhecimento e interesse com um novo pós-fásico*. Rio de Janeiro: Zahar.

HILMANN, J. (2006). *Toward an Aesthetic Psychology Review of James Hillman, City and Soul*. Putnam: Spring [The Uniform Edition of the Writings of James Hillman, 2].

HOROWITZ, D. (2013). *Fire with Fire*. Sherman Oaks: David Horowitz Freedom Center.

JUNG, C.G. (2008). *Aion*: estudos sobre o simbolismo do Si-mesmo. 7. ed. Petrópolis: Vozes.

_____ (2001). *O Eu e o inconsciente*. 15. ed. Petrópolis: Vozes.

_____ (1991). *Tipos psicológicos*. Petrópolis: Vozes.

_____ (1990). *Aspectos do drama contemporâneo*. 2. ed. Petrópolis: Vozes.

_____ (1990). "Wotan". In: *Aspectos do drama contemporâneo*. 2. ed. Petrópolis: Vozes.

_____ (1985). *Mysterium Coniunctionis*. Petrópolis: Vozes.

KAHNEMAN, D. (2012). *Rápido e devagar*: duas formas de pensar. Rio de Janeiro: Objetiva.

KANT, I. (1986). *Fundamentação da metafísica dos costumes*. Lisboa: Ed. 70.

KIERKEGAARD, S. (1988). *O desespero humano (doença até a morte)*. Rio de Janeiro: Abril Cultural.

LAVELLE, L. (2012). *A presença total*. São Paulo: É Realizações.

LOWENTHAL, L. (1961). *Literature, Popular Culture and Society*. Englewood Cliffs: Prentice-Hall.

NIETZSCHE, F. (1992). *O nascimento da tragédia, ou helenismo e pessimismo*. São Paulo, Companhia das Letras.

ORTEGA Y GASSET, J. (2012). *A rebelião das massas*. São Paulo: Martins Fontes.

PERELMAN, C. (2002). *Ética e Direito*. São Paulo: Martins Fontes.

PETERSON, J.B. (2018). *Mapas de significado*: a arquitetura da crença. São Paulo: É Realizações.

RAWLS, J. (2012). *Conferência sobre a história da filosofia política*. São Paulo: Martins Fontes.

_____ (2005). *Uma teoria da justiça*. 3. ed. São Paulo: Martins Fontes.

REALE, G. (2007). *História da filosofia*. Vol. 3. 8. ed: São Paulo. Paulus.

_____ (2000). *La Sabiduría Antigua* – Terapia para los males del hombre de hoy. 2. ed. Barcelona: Herder.

SAMUELS, A. (s.d.). *Uma nova terapia para política?* [Disponível em http://www.ajb.org.br/jung-rj/artigos/nova_terapia_para_politica.htm – Acesso em 15/12/2018].

SAMUELS, A. et al. (1988). *Dicionário análise junguiana.* Rio de Janeiro: Imago.

SEN, A. (2011). *A ideia de justiça.* São Paulo: Companhia das Letras.

SHAMDASANI, S. (2011). *Jung e a construção da psicologia moderna*: o sonho de uma ciência. Aparecida: Ideias e Letras.

STEFANAZI, M. (2012). *Ethics and The Contemporary Practice of Psychotherapy* [Disponível em http://iahip.org/inside-out/issue-67-summer-2012/ethics-and-the-contemporary-practice-of-psychotherapy – Acesso em 26/01/2019].

Von FRANZ, M.L. (2008). "A realização da Sombra". In: JUNG, C.G. *O homem e seus símbolos.* 2. ed. Rio de Janeiro: Nova Fronteira, p. 222-233.

WEBER, T. (2013). *Ética e filosofia do direito*: autonomia e dignidade da pessoa humana. Petrópolis: Vozes.

9 Os valores

Gelson Luis Roberto

Em sua terceira viagem aos Estados Unidos em 1912 Jung concedeu uma entrevista ao *The New York Times*, que saiu publicada em 29 de setembro. Nessa entrevista Jung faz um entendimento da cultura americana e do comportamento do seu povo. Um dos aspectos levantados por ele foi uma relação entre o autocontrole e a brutalidade, onde interpretou o recato excessivo como uma capa da brutalidade, comportamento que para ele estava presente na forma que tratam os afrodescendentes. Comentou sobre a mente lógica e direta dos americanos, de ser o país das doenças nervosas e do perigo que correm de serem devorados por suas máquinas.

Com a Revolução Industrial, nos séculos XVIII e XIX, a presença e influência das máquinas se tornou cada vez maior na vida do indivíduo e na sociedade. A tecnologia, uma conquista que deveria facilitar a vida de todos, gerando maior qualidade de vida, acabou sendo um elemento que compõe o jogo de opressão e necessidades de um mundo consumista. Em vez de termos mais tempo, acabamos nos iludindo com a promessa de uma vida facilitada pelo entretenimento vazio. Para Navarro (2018) existe uma relação entre o sistema econômico e as catástrofes que assolam o mundo por meio do espetáculo do tipo vácuo, num processo de entorpecimento e anestesiamento diante dos entretenimentos televisos.

Com a perda de referências básicas, com a perda da historicidade e das grandes narrativas vivemos uma época de incertezas. Com seus extremismos, com sua velocidade, eficácia e sensações de urgência, vazio e uma necessidade imperiosa de gratificação imediata. Psicologicamente encontramos um mundo inflado e uma cultura repleta de exigências infantis, fantasias onde os novos deuses ocupam seu lugar: a medicação como uma promessa ao paraíso perdido por uma cada vez mais incapacidade de lidar com o sofrimento. Para onde foi o simbólico e sua capacidade de mediação? Para onde foi a alma? A ideia de uma realidade e valor do psíquico? Como diz Jung, "a psique cria realidade todos os dias". Mas a negação da própria psique nos faz perguntar como o próprio Jung em sua confissão: Onde está minha alma? O que eu fiz, refletindo a incapacidade de o sujeito viver, experimentar, processar e elaborar experiências, aprisionado de um lado à fantasia genética ou "isso é químico".

Vivemos um antagonismo entre forças arquetípicas que se apresentam ilusoriamente como egoicas (necessidade e vontade) e a complementação da sombra. Sombra que se manifesta no "preto mais preto do que o preto" como nos comenta Hillman (2011), gerando toda espécie de fundamentalismo, uma inflação brutal que se traveste de pretensa luz, mas que revela o fascínio pela escuridão.

Numa carta de Jung (2001) a um pastor protestante, ele reflete sobre esse momento de esvaziamento espiritual, acrescentando que a ciência moderna escavou tanto que na psique das pessoas cultas de hoje só existe um grande buraco negro. Assim, o próprio negror se torna uma forma de luz, uma identificação fundamentalista que talvez seja uma compensação a essa sociedade racionalista que desconstruiu tudo, uma sociedade que fez um grande esforço para que tudo fosse desmontado e o resultado é um cenário sem perspectiva, tudo transitório, temporário. Num período onde tudo é visto e vivido sem perspectiva alguma de permanência, uma sociedade líquida que carece de perspectiva de longa duração.

O resultado é que o indivíduo se entrega a viver apenas o presente e o prazer, ao consumo e ao individualismo. As pessoas se encontram perdidas, completamente atropeladas pela "correria da vida", num lugar onde não há tempo para o encontro verdadeiro, para o entendimento e para a paz. O indivíduo acaba perdendo a noção do real e do limite de si mesmo e do mundo. Essa crise se estende tanto para os indivíduos como para todos os setores e componentes da vida, principalmente a vida urbana, que é a vida construída pelo homem. Os sintomas são: fragmentação, hiperespecialização, depressão, inflação, perda de energia, jargões e violências. Isso aparece também no mundo: nossos prédios são anoréxicos, nossos negócios paranoicos e nossa tecnologia maníaca. Como diz Hillman, "sujar o mundo com lixo, construir estruturas monstruosas, consumir e desperdiçar para distrair o tédio não é apenas ilegal, imoral ou antissocial e doentio. É vergonhoso, ofensivo para o mundo, nocivo para sua alma" (HILLMAN, 1993a, p. 150).

Esse ambiente pós-moderno demonstra que estamos separados do mundo. E entre nós e o mundo estão os meios tecnológicos de comunicação com toda sua mídia. Eles não nos informam sobre o mundo; eles refazem o mundo como eles querem, simulam uma vida para nós e transformam o mundo num espetáculo. Há atualmente um princípio esvaziador. O sujeito vai perdendo os referenciais da realidade, perdendo a própria substância de si mesmo. É o que os filósofos chamam desreferencialização do real e dessubstancialização do sujeito. Esse princípio desfaz regras, valores, faz com que a realidade se degrade e que o indivíduo viva sem projetos, sem ideais, a não ser cultivar sua autoimagem e buscar a satisfação no aqui e agora.

O que vale são as vitrines, o culto ao corpo, o fantástico do momento, o consumo de tudo, até do outro. O que isso acarreta é um misto de fascínio e vazio, dando a falsa impressão que se vive tudo aquilo que aparece, mas que na realidade não existe. A vida acaba ficando mais difícil do que é, por ela ser um choque com o paraíso e facilidades oferecidos pela mídia.

Refletimos nas palavras do polêmico autor francês Michel Houellebecq:

> o ser humano é imprevisível. Não existe teoria capaz de prever o comportamento. Nem psicológica, nem sociológica. É tudo cascata, tudo isso é cascata. Falta respeito intelectual para levar a sério essa gente. Não tenho respeito intelectual por um sociólogo, um economista ou um psicólogo (2018).

Para ele, o extremismo islâmico com seu fundamentalismo é uma compensação de um vazio muito forte da religião, que as pessoas experimentam. No Ocidente, hoje reforçado por uma indiferença e fadiga, Houellebecq concebe o homem moderno ocidental como um projeto eclodido por seu próprio hedonismo e frivolidade.

Essas condições rompem com o caminho da vida interior, da importância da catábase para fazer vida interior, a descida aos infernos da qual todos nós em algum momento teremos que viver e rompe com a capacidade empática desse caminho, aquilo que Fédida (2002) chamou de "depressividade", a capacidade de acolher, articular e elaborar a experiência emocional, regulando as intensidades afetivas, e subjetivando-as, transformando-as em sentido. Vivemos, então, mais em um sem sentido, tão bem representado pelos filmes e séries de zumbis e vampiros, que inundam nosso imaginário. Como denuncia Nietzsche, "não sei sair nem entrar; sou tudo aquilo que não sabe nem sair nem entrar – lamenta-se o homem moderno... E é dessa modernidade que adoecemos – da paz podre, do compromisso covarde, de toda a virtuosa sujidade do moderno sim e não" (NIETZSCHE, 1989, p. 8).

A cultura abandonou toda a referência a uma norma, exceto a norma da ausência de norma. Como isso vai afetar o indivíduo? Quais as consequências desses valores modernos em relação ao adoecimento?

As patologias atuais envolvem processos que estão em base arquetípica muito primária em relação à construção da identidade, processos onde a *persona* toma lugar na dificuldade da construção do eixo ego-*Self*. Temos as patologias do vazio, as patologias do *Self*, os transtornos no campo das relações de objeto, os transtornos no campo da pulsionalidade, falhas nas cadeias de mediação que possam favorecer a capacidade de simbolização. Esse empobrecimento do uso da função simbólica, cuja manifestações são exemplificadas por cadeias metafóricas curtas e pobres.

Temos de um lado uma sociedade infantilizada com a ilusão de uma liberdade sem limites, de uma independência sem compromisso e de uma historicidade sem história, o neoindividualismo, onde o falso eu, a *persona* ocupa lugar de destaque. Esse lugar da *persona* se apresenta na ausência de satisfação, na descarga direta no corpo sem representação psíquica, nos diversos excessos e atuações infladas do eu pela falência da função paterna, aprisionando o sujeito contemporâneo em pseudonecessidades que funcionam como satisfação ilusória e não apontam para uma individuação. Estamos vivendo uma enantiodromia, um jogo fechado entre a impotência e o heroico. Entre o reducionismo e a não explicação. Entre o poder e o vazio. Entre a ansiedade e o entorpecimento psíquico.

Como nos coloca Hillman, sem inspiração acabamos na ferocidade simples e sem objetivo. Sem ideais, acabamos presos a fantasias lascivas, seduzidos por imagens que não encontram sustentação na vida real. "De corpo presente, mas de espírito ausente" (HILLMAN, 1997, p. 95). Encontramo-nos perdidos. Neste mundo de incertezas surge um grande questionamento: Como pode o infeliz produzir felicidade? Para ele, uma pessoa que perdeu seu anjo torna-se demoníaca. A alma se esconde, vai para longe, gerando o maior e mais frequente resultado disso: a depressão. Essa ausência, gerando raiva e paralisia no sofá, é sintoma da alma à procura de um chamado perdido. Algo que está além. Esse além é confundido, e as alergias como asmas, os suicídios infantis e mesmo os rancores dos adultos, são partes de um padrão que compartilhamos: o sistema econômico. Mais do que culpar o sistema familiar, insistimos que isso se deve pelo materialismo e egoísmo que vivemos. Então esse além que foi confundido se torna *mais*. Queremos mais: mais dinheiro, mais trabalho, mais bebida, mais sexo, mais peso, mais coisas, mais programas na tevê. Tudo na busca da tal felicidade (HILLMAN, 1987).

Cadê nossa alma, cadê nosso Daimon? O ser humano moderno perdeu a representação interna do centro da vida, que é o referencial que faz com que as sociedades se movimentem dentro de um sentido. Isso é vivido, nos coloca Edinger

(1989), como um líquido que se derrama e se escoa, sugado pela matéria indiferenciada à sua volta. O sentido se perde. Em seu lugar, reativam-se os conteúdos primitivos e atávicos. Essa condição e o seu contexto social, excluem as diferenças, via régia da subjetividade. Os valores diferenciados desaparecem e são substituídos por motivações elementares de poder e prazer, ou então o indivíduo expõe-se ao vazio e desespero.

Primeiro, as perturbações psíquicas da atualidade se caracterizam principalmente como dor e não como sofrimento. Hillman (1993b) nos aponta que o sofrimento precede a dor e que o sofrimento pode estar presente sem ter nenhuma base na dor. Assim, a palavra dor é a que se utiliza comumente nos diferentes discursos biológicos, enquanto o sofrimento é o que se enuncia nos discursos das ciências humanas e morais. O que implica dizer que a dor remete para os registros do organismo e da ordem vital, enquanto o sofrimento reenvia para o registro da ordem ética. Confundimos dor com sofrimento e buscamos remédios que acalmam ou façam cessar a dor. Isso gera uma incapacidade de lidar com os vários tipos de sofrimento, e nos entorpece para ambos. Segundo, esses sujeitos se apresentam a partir da resposta e não da pergunta, resposta que é tomada como uma maneira de sustentar a consistência da *persona*, objetivo no qual se baseia a identificação com a consciência coletiva. Assim, esses sujeitos se apresentam como sombras vazias, semblantes do objeto representativo do coletivo. Essa alienação do sujeito nessa posição faz deste semblante um "personagem". Nesse sentido é que coloca que tais pacientes se apresentam, no início do tratamento, de um "ponto de partida caracteropático".

Essa condição normatizante parece querer ser singular, mas o que realmente se apresenta é uma necessidade imperiosa de destaque, sem esforço ou comprometimento, sem suportar o conflito. Não admitimos a ambiguidade da existência. Queremos, a todo custo, uma resposta, uma solução, uma ideia que, juntas, esclareçam o sentido da nossa existência. Mas o sentido, como já disse Nietzsche, é trágico. Esse trágico é semelhante ao pensamento complexo em Morin. Quando Morin fala da complexidade como palavra problema, quer dizer: "a clareza e a ordem são insuficientes" (1991, p. 100).

Buscamos então a psicologia complexa de Jung e o seu pensamento complexo. O pensamento complexo é aquele que privilegia o particular, o que é deixado de lado pelo paradigma reducionista. Para Morin,

> o método da complexidade pede para pensarmos nos conceitos, sem nunca dá-los por concluídos, para quebrarmos as esferas fechadas, para restabelecermos as articulações entre o que foi separado, para tentarmos compreender a multidimensionalidade, para pensarmos na singularidade com a localidade, com a temporalidade, para nunca esquecermos as totalidades integradoras (2010, p. 192).

Quer dizer, não se pode mais pensar de modo unilateral. O que havia mostrado Gilbert Durand é que a temática do imaginário nos obriga a adotar uma dimensão multilateral. Não unilateral. Um conhecimento paradoxal. É tipicamente algo não dualista, e sim plural.

Jung então deve ser mais bem estudado conforme atesta Maffesoli:

> Hoje, preocupado com a imagem e o imaginário coletivo, procurei de fato o pensamento de Jung. Nas minhas próximas obras certamente se poderá notar ainda mais o papel de Jung. Há nele algo –

uma concepção do global – que ajuda a entender o imaterial contemporâneo (2018).

Compreensão do psiquismo no modelo de multidimensionalidade que dentro do contexto junguiano encontra sustentação, tanto em relação ao aspecto transgressivo do arquétipo, aos níveis e diversos centros de consciência, como também nas várias dimensões do inconsciente. Mas não só isso, a imagem também é multidimensional, um corpo atravessado por várias possibilidades de significados, podemos encontrar uma dimensão mais concreta e literal até uma mais simbólica e polissêmica.

Com isso começamos a reverter esse panorama e entender a proposta de Maffesoli (2013) que apresenta uma visão positiva da Pós-modernidade quando apresenta o seu tripé pós-moderno: criação ou criatividade, razão sensível e progressividade. Nas palavras do autor, a Pós-modernidade é a inteiridade [*l'entierité*]. A inteiridade é aquilo que ele chama de razão sensível. Seria uma razão que na medida em que há o sentido, o sensível, configura-se como razão sensível.

> Quando digo "invaginação do sentido", porém, é um pouco para provocar e para mostrar que é necessário estar atento à terra, ao cotidiano, não àquilo que é distante. A "invaginação" é a terra-mãe, o lugar onde se vive, a matriz. Eu peguei essa expressão do filósofo Merleau-Ponty, que foi o primeiro a mostrar a importância da carne do mundo. O termo invaginação nos torna atentos a esta carne (2013, p. 17).

Falta para nós uma coluna, um símbolo unificador para recuperar esse novo sentido. Qual é a nossa coluna? O que traz sustentação para esse indivíduo em crise? A imagem é nossa coluna nas diversas dimensões arquetípicas da vida. Jean-François Mattéi (2002) recupera o tema da coluna na sustentação do templo e faz referência a Nietzsche com seu Zaratustra quando refere que devemos imitar a virtude da coluna, já que ela se "torna sempre mais bela e mais fina à medida que se eleva, mais dura e mais resistente interiormente" (NIETZSCHE, apud MATTÉI, 2002, p. 241).

Mais uma vez trazemos o testemunho de Maffesoli:

> o imaginário permanece uma dimensão ambiental, uma matriz, uma atmosfera, aquilo que Walter Benjamin chama de aura. O imaginário é uma força social de ordem espiritual, uma construção mental, que se mantém ambígua, perceptível, mas não quantificável. Não vemos a aura, mas podemos senti-la. O imaginário, para mim, é essa aura, é da ordem da aura: uma atmosfera (2001, p. 75).

Algo que envolve e ultrapassa a obra. Mas esse imaginário se realiza na experiência cotidiana e num clima de comunhão com a vida, na cultura. Para Maffesoli (2013), a cultura está ligada ao adubo, a boa terra. São elementos de base como comer, habitar, vestir e que vão gerar toda as artes e sofisticação da mesa, da arquitetura, do estilismo indumentário. Como em um jardim, coloca-se o adubo para cultivar as plantas, assim o adubo é o viver junto, esses elementos de base, aquilo que está no fundamento, na vida cotidiana.

O que temos para oferecer para o contexto atual? Jung nos deixou muitas preciosidades e foi enfático quando refere: "Ninguém pode fazer história se não quiser arriscar tudo, levar a experiência da sua própria vida até o amargo fim e declarar que sua vida não é uma continuação do passado, mas sim um novo começo" (apud HOFFMAN, 2005, p. 245).

Como nos coloca Setsuko "A verdadeira novidade é aquilo que não envelhece, apesar do tempo" (do filme *As irmãs Munakata*, 1950, apud BARBERY, 2008, p. 58). Isso aponta para as questões arquetípicas que fundamentam e são a base de nossas vidas. Quer dizer, nos ocuparmos com questões que sejam da ordem do intemporal – a vida, a morte, as paixões avassaladoras, os afetos demoníacos. E mais, ocuparmo-nos, libertando-nos da ideia de solução. Para Jung, "todos os maiores e mais importantes problemas da vida são fundamentalmente insolúveis. Eles têm que ser assim, pois expressam a polaridade necessária, inerente a todo sistema autorregulador. Não podem nunca ser resolvidos, mas somente superados" (apud HOFFMAN, 2005, p. 248).

Von Franz (1985) é muito clara nesse sentido quando aponta a necessidade de o indivíduo se despir de todas as ilusões e de tudo o que constitui o mundo do ego ordinário e mergulhar em si mesmo com suprema sinceridade. Isso garantiria chegar ao encontro mais profundo com o *Self*, em sua dimensão cosmológica, chegar num orifício central onde ocorre a criação, mesmo no cosmo. "A arte requer o homem inteiro" (JUNG, 1991, p. 6). O grande desafio é estar inteiro e ser verdadeiro, sincero consigo, estarmos conscientes de tudo o que se faz em todos os seus aspectos dúbios, pois tudo que é bom é difícil, e o desenvolvimento da personalidade é uma das mais difíceis de todas as coisas.

Gostaria de chamar a atenção para dois elementos que estamos tangenciando em relação a psicologia proposta por Jung. O primeiro é que sua psicologia é uma psicologia de valor; o segundo, que está implicado no primeiro, é que sua psicologia abarca uma dimensão onde não existe separação entre o individual e o coletivo. Existe uma realidade implicada e questões que envolvem o mundo afetam diretamente o indivíduo e vice-versa. Conceitos como *anima mundi, unus mundus* e sincronicidade apontam para uma realidade objetiva e nos comprometem numa grande rede de relações.

A questão do valor para Jung se insere, então, dentro desses dois campos, o campo do significado, onde ele vai trazer a perspectiva de uma visão teleológica, onde o indivíduo está comprometido a uma finalidade última para sua existência, e esse todo implicado que envolve responsabilidade e comprometimento.

Jung, numa carta a uma pessoa que se sentia deprimida, explicava que a depressão quer dizer, literalmente, ser forçado para baixo e, comentando, discorre:

> Se eu tivesse que viver em um país estrangeiro, procuraria alguma ou mais pessoas, que me parecessem amáveis, e me tornaria de certa maneira útil a elas, para receber libido de fora, ainda que de uma forma algo primitiva como o fez, por exemplo, o cachorro, sacudindo o rabo. Criaria animais e plantas, que me dessem alegria com o seu desenvolvimento. Eu me cercaria de coisas belas – não importa se primitivas ou simplórias – objetos, cores, sons. Eu comeria e beberia coisas gostosas. Quando a escuridão viesse, não descansaria até penetrar no seu próprio cerne e chão e até que aparecesse uma luz no meio do sofrimento, porque a própria natureza se inverte *in excesssu affectus*. Eu me voltaria contra mim mesmo com raiva, para que no calor dela se derretesse meu chumbo. Renunciaria a tudo e me dedicaria a atividade mais humilde, caso minha depressão me forçasse à violência. Lutaria com o Deus sinistro até que me deslocasse o quadril, pois Ele também é a

luz e o céu azul que retém diante de mim (JUNG, 2003, p. 201-202).

Barreto (2009) lembra o caso trazido por Jung de um homem de 30 anos, inteligente e intelectualizado, que o procura trazendo uma monografia autobiográfica, acurada e profunda, atestando a compreensão acerca de sua neurose obsessiva. O homem não sabe o que o leva a continuar neurótico após uma compreensão tão aprofundada dos mecanismos neuróticos que o aprisionavam. Jung considera o manuscrito excelente, sem falhas no desenvolvimento, uma boa análise intelectual, apto para publicação e sem entender a falta de desaparecimento da neurose. Após uma anamnese, surge o detalhe de que ele mantinha uma relação amorosa com uma mulher mais velha, modesta em seus recursos, mas que com esforço e privação financiava as férias de seu amante em Saint Moritz e Nice, mesmo remotamente correspondida. Jung afirma então que a falta de consciência moral era a causa da neurose, e por tal motivo a compreensão intelectual de nada servira em termos terapêuticos. Apesar de acreditar firmemente no poder e dignidade do intelecto, esse só é válido somente se não violar os valores do sentimento.

> O desapontamento, que é um choque para os sentimentos, não somente é a mãe da amargura, mas o mais forte incentivo possível para uma diferenciação de sentimento. O fracasso de um plano favorito, o decepcionante comportamento de uma pessoa amada, pode fornecer o impulso seja para uma explosão mais ou menos brutal do afeto ou para uma modificação e ajuste de sentimento e, portanto, para o seu maior desenvolvimento (JUNG, 2005, p. 247).

Barreto ainda comenta sobre a importância da moral no processo de individuação e na concepção psicológica e terapêutica de Jung. Para ele, o "fator moral" ocupa uma condição central, constituindo na verdade um de seus fundamentos irrenunciáveis. Realmente, em sua Obra Completa, vamos encontrar diversos momentos onde Jung afirma a importância da moral no processo da vida, sendo um atributo universal da psique humana. Temos com Jung o compromisso corajoso de realizar uma vida por inteiro, ou seja, um processo que abarca a totalidade do indivíduo e sua exigência de envolvimento moral como elemento do confronto com o inconsciente.

Todo processo de individuação, então, representa a realização do *Self* que, em última análise, é uma realização moral. Esse processo gera uma tensão de forças entre ego e *Self*, exigindo uma atitude moral correspondente ao que é exigido pelo inconsciente.

Temos, na moral, uma gama de aspectos que envolvem um sistema de valores subjetivos ou pessoais, um sistema de valores objetivos ou coletivos, um valor do mundo e um valor de si. Jung distingue uma moralidade pública ou tradicional de uma moralidade privada ou individual, onde a moralidade coletiva tem relação direta com a imoralidade do indivíduo, "quando a norma se torna sempre mais supérflua a verdadeira moralidade cai em ruínas. E quanto mais o homem está submetido às normas coletivas tanto maior é a sua imoralidade individual" (OC 6, § 856).

Como refere Edinger (1987), Jung trouxe a ideia de um "novo mito" que busca uma nova compreensão e direção dessa busca essencial de significado e sua atitude de se tornar consciente. A consciência como um conhecimento vinculado, um "conhecer com", unindo o sensível e o inteligível, Eros e ciência. Para o autor, cada experiência que é conscientemente vivida aumenta a soma da consciência do universo dando um sentido e papel ao indivíduo no drama da criação, naquilo que o próprio Jung formula quando refere que "o homem é o espelho que Deus sustenta diante dele" (JUNG, 2002, p. 283).

Considerando essas tensões que envolvem o sujeito contemporâneo, em sua crise de valores e uma de conexão consigo mesmo, considerando os diversos sintomas atuais, como as doenças do vazio e o aumento de violência e extremismo, podemos nos perguntar: Qual é o cerne dessa crise de valores? Em 1934, Jung escreveu um artigo intitulado "Está o mundo em vésperas do Renascimento Espiritual", onde ele afirma categoricamente que o problema psicológico é um problema espiritual. Para Jung o temor maior, o mais tremendo perigo a ser enfrentado pelo homem é o poder de suas ideias (McGUIRE, 1982).

Vivemos num momento difícil de incertezas, que, de um lado, coloca em risco todo o sistema planetário; mas, de outro, promove novas buscas e dimensões. Em 6 de junho de 1984, Ítalo Calvino foi convidado para apresentar seis conferências de alguns valores literários, que mereciam ser preservados no curso do próximo milênio, sua morte súbita impediu que fizesse as conferências, mas cinco delas ele já havia escrito para serem apresentadas. São: a leveza, a rapidez, a exatidão, a visibilidade e a multiplicidade. Apesar de não ter sido elaborada, a sexta conferência já tinha seu tema definido, seria a consistência.

De alguma maneira, esses valores literários também dizem respeito a nossa sociedade. Uma das que mais considero importante ser reconhecida é a leveza. Para Calvino (1990) a leveza está associada à precisão e à determinação, nunca ao que é vago e aleatório e cita Paul Valéry: "É preciso ser leve como um pássaro e não como a pluma" (CALVINO, 1990, p. 28). Precisamos de uma leveza que não seja temerária, como alguém que está pisando em ovos, mas o resultado de uma consciência lúcida em sua precisão e determinação. Determinação esta que é feita pelo ego, mas orientada pelo *Self.*

Outro valor importante para nosso cenário atual trazido por Calvino é o conhecimento como multiplicidade, considerado para ele como um fio que ata as obras maiores para além dos rótulos. Este conhecimento se junta a um jogo que ele chama de "literatura potencial", exemplificado por Borges, na sua linguagem inventiva que se manifesta na variedade dos ritmos, dos movimentos sintáticos, em seus adjetivos inesperados e surpreendentes (CALVINO, 1990).

Isso nos leva a uma questão central na proposta junguiana em sua teoria quando afirma que psique é imagem, e as consequências práticas disso. Calvino reflete que as teorias da imaginação como depositárias da verdade do universo podem-se ajustar a uma *Naturphilosophie* ou a um tipo de conhecimento teosófico. E vai além, questionando se são incompatíveis com o conhecimento científico. Para isso cita Starobinski, que apresenta a posição do método da psicanálise freudiana que separa o domínio do conhecimento em dois, deixando à ciência o mundo externo e isolando o conhecimento imaginativo na interioridade individual e o método de Jung, que dá aos arquétipos e ao inconsciente coletivo uma validade universal, relacionando a ideia de imaginação como participação na verdade do mundo. Chegando a esse ponto, ele se pergunta: Em qual das duas correntes delineadas por Starobinski deve situar sua ideia de imaginação? E responde:

> A julgar pelo que disse, deveria ser um adepto fervoroso da primeira tendência, pois o conto é para mim a unificação de uma lógica espontânea das

imagens e de um desígnio levado a efeito segundo uma intenção racional. Mas ao mesmo tempo sempre busquei na imaginação um meio para atingir um conhecimento extraindividual, extraobjetivo; portanto seria justo que me declarasse mais próximo da segunda posição, a que a identifica com a alma do mundo (p. 106).

Hillman nos apresenta a ideia de *anima mundi* exatamente dentro desse universo existencial da imaginação. Viver a *anima mundi* é imaginá-la. Assim,

imaginemos a *anima mundi* como aquele lampejo de alma especial, aquela imagem seminal que se apresenta por meio de cada coisa em sua forma visível. Então, *anima mundi* aponta as possibilidades animadas oferecidas em cada evento como ele é, sua apresentação sensorial como um rosto revelando sua imagem interior – em resumo, sua disponibilidade para a imaginação, sua presença como realidade psíquica. Não apenas animais e plantas almadas como na visão romântica, mas a alma que é dada em cada coisa, as coisas da natureza dadas por Deus e as coisas da rua feitas pelo homem (1993, p. 14).

Somos parte de um processo conectivo. Como diz Ascott, a rede envolve tudo (1996). A ideia de rede equivale à de *anima mundi*. Pressupõe que estamos todos inseridos num grande movimento de transformação, uma transformação de consciência. Esta transformação implica estarmos entrando na mente-mundo, nossos corpos estão desenvolvendo a faculdade de ciberpercepção – que é a amplificação e enriquecimento tecnológicos de nossos poderes de cognição e percepção. Isto nos dá um novo sentido de *Self*, os poderes de intuição (clarividência) aceleram-se a um estado de maior presciência.

Hillman (1993) nos remete ao cosmo de Platão que reconhece que a alma do indivíduo não pode avançar além da alma do mundo, porque elas são inseparáveis a ponto de qualquer alteração na psique humana ressoar com uma alteração na psique do mundo. Sem interação, nenhuma experiência é criada. A física dá exemplo disso, o modo como as partículas se comportam é diretamente resultado do modo como as observamos. Até que as percebamos, elas permanecem em um estado virtual (GOSWAMI, 2000).

A cultura para Maffesoli (2013) é a própria vida cotidiana, aquilo que está no fundamento, na base do que é viver junto. Ele lembra a expressão de Max Weber: "É necessário estar à altura do cotidiano". Estar à altura do cotidiano é estar atento à vida cotidiana. O cotidiano é a raiz, um enraizamento dinâmico. Voltar um pouco à raiz, em todos os domínios, da vida cotidiana e ao imaginário.

Ascott (1996) faz uma análise da cultura telemática e aponta como característica a conectividade global de pessoas, lugares e, acima de tudo, da mente. Aparição, emergência, complexidade e transformação são alguns dos conceitos seminais da cultura conectiva. Parece que estamos descobrindo que a nossa principal característica é a conectividade, ou seja, a condição fundamental de *coniunctio*.

Já Mindell (1992) refere que nossa natureza global está despertando, forçada pelas diversas descobertas e situações desse mundo informacional, pelos problemas de ordem ecológicas e pelo interesse cada vez maior por experiências de cunho espiritual e de percepções alteradas. Para ele,

> o aspecto global de nossa mente coletiva possui algumas das seguintes características. Focaliza não

> apenas os detalhes, mas também as interligações, as conexões, as redes de eventos. É capaz de considerar um mesmo acontecimento de vários pontos de vista e em vários níveis. Muda uma parte sem perder a percepção consciente das outras partes, e entende o mundo como um campo ou rede de informações (1992, p. 34).

Temos que superar essa visão de ciência que moldou nossa forma de imaginar a realidade, buscando separar e isolar as coisas. Tanto Jung como Morin buscaram na ideia de complexo um tecido psíquico e, consequentemente, cultural e social, onde a realidade é feita de laços e relações, um tecido que junta o todo. Isso implica uma ética da complexidade. Na atualidade, temos uma autonomia individual que se confunde com desamparo, uma liberdade que se confunde com individualismo, que se automutila, promovendo a desordem e destruição. E a forma que temos encontrado para manter a coesão são atitudes violentas de coerção com suas medidas autoritárias.

> A individuação [...] tem por meta a cooperação viva de todos os fatores. Mas como os fatores universais sempre se apresentam em forma individual, uma consideração plena dos mesmos também produzirá um efeito individual, que não poderá ser superado por outro e muito menos pelo individualismo (JUNG, 1979, p. 50).

Para Morin (1997), isso é fruto da perda das relações e a única maneira de manter a liberdade é com um sentimento vivido de comunidade e solidariedade. O que ele propõe é uma ética de compreensão.

Isso exige de nós uma criatividade colaborativa que abandone velhas oposições, dicotomias rígidas na política, cultura, raça e moralidade, procurando uma configuração mais sutil de pontos de vistas sobre nossos problemas. Exige que olhemos o mundo de outra forma, aquilo que Hillman (1993) chama de respeito, uma consideração pelo mundo onde respeitar é simplesmente olhar de novo (*respectare*), um segundo olhar com o olho do coração. A *anima mundi* está começando a despertar nossos corações para a sensibilidade, resgatando o amor pelo mundo e nos preocupando com o seu valor precioso e desejável.

Nosso universo é um campo transformativo de potencialidades, não linear. A Rede ou *anima mundi* encerra uma realidade que é ao mesmo tempo vividamente real para nossos sentidos e metafisicamente ausente do espaço clássico (ASCOTT, 1996). Não há superfície, somente profundidade.

Voltamos então a Jung (apud McGUIRE, 1982), quando refere que o homem civilizado apresenta uma necessidade espiritual. E isso significa viver o mais plenamente possível para cumprir a vontade divina dentro de si. Para ele, a natureza quer que sejamos simplesmente homens, mas um homem consciente do quem é e do que está fazendo. Deus dirige-se à consciência do ser humano, nas palavras de Jung,

> Voltem o olho da consciência para dentro, a fim de ver o que aí existe. [...] Examinem os espíritos que falam em vocês. Tornem-se críticos. O homem moderno deve estar plenamente cônscio dos terríveis perigos que residem nos movimentos de massa. Escutem o que o inconsciente diz. Prestem atenção à voz desse Grande Ancião dentro de vocês, que viveu tanto tempo, viu e experimentou tanto. Tentem compreender a vontade de Deus: a extraordinária potente força da psique (McGUIRE, 1982, p. 82).

Referências

BARBERY, M. (2008). *A elegância do ouriço*. São Paulo: Companhia das Letras.

BARRETO, M.H. (2009). A dimensão ética da psicologia analítica: individuação como "realização moral. *Psicologia Clínica*, vol. 21, n. 1, p. 91-105 [Disponível em http://pepsic.bvsalud.org/scielo.php?script=sci_arttext&pid=S0103-56652009000100007 – Acesso em 02/09/2018].

CALVINO, I. (1990). *Seis propostas para o próximo milênio*. São Paulo: Companhia das Letras.

DA POINT, C. (2001). "A psicanálise, o sujeito e o vazio contemporâneo". In: DA POINT, C. (org.). *Formas do vazio*: desafios ao sujeito contemporâneo. Rio de Janeiro: Via Lettera.

EDINGER, E. (1989). *Ego e arquétipo*. São Paulo: Cultrix.

_____ (1987). *A criação da consciência*. São Paulo: Cultrix.

FÉDIDA, P. (2002). *Dos benefícios da depressão*. São Paulo: Escuta.

GOSWAMI, A. (2000). *O universo autoconsciente*. Rio de Janeiro: Rosa dos Tempos.

HILLMAN, J. (1997). *O código do ser*. Rio de Janeiro: Objetiva.

_____ (1993a). *Cidade & alma*. São Paulo: Studio Nobel.

_____ (1993b). *Suicídio e alma*. Petrópolis: Vozes.

HOFFMAN, E. (2005). *A sabedoria de Carl Jung*. São Paulo: Palas Athena.

HOUELLEBECQ, M. (2015). Ocidente vive um vazio, mas não sabe o que está faltando. *Consultor Jurídico*, 05/jun. [Disponível em https://www.conjur.com.br/2015-jun-05/michel-houellebecq-ocidente-vive-vazio-nao-sabe-falta – Acesso em 23/09/2018].

JUNG, C.G. (2003). *Cartas*. Vol. III: 1956-1061. Petrópolis: Vozes.

_____ (2002). *Cartas*. Vol. II: 1946-1955. Petrópolis: Vozes.

_____ (2001). *Cartas*. Vol. I: 1906-1945. Petrópolis: Vozes.

_____ (1979). *O Eu e o inconsciente*. Petrópolis: Vozes.

MAFFESOLI, M. (2013). A Pós-modernidade se orienta para "algo de anarquista". *Em questão* – Revista da Faculdade de Biblioteconomia e Comunicação da UFRGS, vol. 19, n. 2 [entrevista a Eduardo Portanova Barros] [Disponível em http://seer.ufrgs.br/EmQuestao/article/viewFile/41958/31044 – Acesso em 23/09/2018].

_____ (2001). *A transfiguração do político*: a tribalização do mundo. Porto Alegre: Sulina.

_____ (s.d.). *Entrevistas de Juremir Machado da Silva*: Maffesoli e a Pós-modernidade – Michel Maffesoli, o pensador do novo tribalismo [Disponível em http://www.correiodopovo.com.br/blogs/juremirmachado/2013/05/4107/entrevistas-maffesoli-e-a-pos-modernidade/ – Acesso em 23/09/2018].

MATTÉI, J.-F. (2002). *A barbárie interior*. São Paulo: Unesp.

McGUIRE, W. & HULL, R. (1982). *C.G. Jung*: entrevistas e encontros. São Paulo: Cultrix.

MORIN, E. (2010). *Ciência com consciência*. 14. ed., Rio de Janeiro: Bertrand Brasil.

_____ (1997). "Complexidade e ética da solidariedade". In: CASTRO, G. *Ensaios da complexidade*. Porto Alegre: Sulina.

_____ (1991). *Introdução ao pensamento complexo*. Lisboa: Instituto Piaget.

NAVARRO, F. (s.d.). A idiotização da sociedade como estratégia de dominação. *Revista Prosa Verso e Arte* [Disponível em https://www.revistaprosaversoearte.com/idiotizacao-da-sociedade-

Jung e os desafios contemporâneos

como-estrategia-de-dominacao-por-fernando-navarro/ – Acesso em 23/09/2018].

NIETZSCHE, F. (1989). *O anticristo* [Disponível em http:// www.lusosofia.net/textos/nietzsche_friedrich_o_anticristo.pdf – Acesso em 23/09/2018].

VON FRANZ, M.-L. (1985). *Adivinhação e sincronicidade*. São Paulo: Cultrix.

10 As perspectivas

Walter Boechat

Recuar...

Para refletir sobre as perspectivas da psicologia complexa de Jung no século XXI sinto necessário um olhar para trás, *um recuar para saltar melhor*, como ele próprio diria. E me vem à mente as lembranças de meus primeiros contatos com o pensamento de Jung em inícios da década de 1970, quando comecei estudos e minha análise pessoal com Nise da Silveira. Decidi ir à Suíça para fazer minha formação, uma decisão de certa forma estranha, quase bizarra para a época, para os meus colegas médicos.

Quando iniciei minha formação em 1974 os professores, analistas e supervisores em Zurique ainda eram a primeira geração que conhecera pessoalmente Jung e convivera com ele. As comunicações eram muito mais lentas e demoradas. Minhas pesquisas para minha tese de graduação foram feitas em sua maioria na Zentralbibliothek de Zurique, onde sem as facilidades de consulta digital eu podia pedir os mais variados artigos de diversas partes do mundo e os recebia em fotocópias pelo correio na própria eficiente biblioteca. Mas tudo mais lento e mais difícil sem a internet.

O Instituto C.G. Jung funcionava na mesma antiga casa de estilo suíço-alemão onde tinha sido fundado por Jung em 1948, na Gemeindestrasse, 27. No subsolo da bela casa estava o antigo Clube de Psicologia, no térreo, o instituto propriamente dito, onde ocorriam as aulas e seminários, no segundo andar com amplos corredores de madeira, diversas salas onde os candidatos a diploma atendiam casos clínicos sob supervisão.

Toda a minha formação foi na Gemeindestrasse. Lá assisti aulas lotados de Marie-Louise Von Franz sobre simbolismo dos contos de fada, logo depois transformados em seus famosos livros sobre o tema. Também pude assistir o curso de James Hillman sobre alquimia, com aulas também lotadas. À época, na década de 1970, esses dois grandes autores dominavam o campo de estudos junguianos no instituto e havia uma certa competição no imaginário dos estudantes de qual corrente seria a mais brilhante, a mais interessante, Von Franz ou Hillman. Aqueles candidatos que conseguissem ser analisados ou ter supervisão com algum desses dois autores consideravam-se eleitos pelos deuses! Mas não era tarefa fácil, pois eles tinham uma agenda especialmente cheia...

É claro que já a essa época o movimento junguiano já começava a ter mais complexidades e não se restringia a esses dois personagens. Pude conhecer de perto também a corrente com uma influência mais psiquiátrica, trabalhando na Klinik am Zurichberg, dirigida pelos doutores Karl Fierz e Toni Frey. Nessa clínica pude aplicar um pouco dos ensinamentos que tinha vivenciado com Nise da Silveira na abordagem de pacientes psicóticos com técnicas expressivas. Nessa ocasião pude travar conhecimento com outros terapeutas que trabalhavam na clínica, inclusive um jovem analista italiano que fazia o trajeto de Milão a Zurique para trabalhar na clínica, Luigi Zoja. Na clínica também trabalhou um colega de formação, o americano Paul Kugler.

Paul também foi meu colega em outra atividade importante na formação, o Colóquio de Casos Clínicos, onde um pequeno grupo de candidatos levava seus casos clínicos para supervisão de um analista didata. Paul, Roberto Gambini, o americano Bob Hinshaw e eu éramos colegas no grupo supervisionado por Mario Jacoby.

Além de Von Franz e Hillman, outros nomes tradicionais já tinham presença significativa no instituto, como Adolf Guggenbuhl-Craig e C.A. Meier, esse último tendo convivido com Jung e tendo sido um dos fundadores do instituto. A antiga secretária de Jung, Aniela Jaffé, ainda atuava como analista didata. Guggenbühl desenvolveu sólida amizade com James Hillman, tendo sido eles, juntamente com López-Pedraza, os fundadores do Movimento de Psicologia Arquetípica que naquela época se iniciava.

Minha mulher Paula Boechat, que viajara comigo a Zurique, conheceu outra corrente teórica que acabou se tornando uma das mais importantes no universo junguiano. Paula fez formação em Terapia de Caixa de Areia com a própria criadora do movimento, Dora Kalff. A formação tinha lugar na casa de Dora Kalff, uma antiga sede de fazenda reformada, construída em 1485, no vilarejo de Zollikon, bem próximo a Zurique, às margens do lago.

Além do instituto de Zurique, havia ainda outros centros de formação, o mais influente talvez o de Londres, que integrando ideias kleinianas da teoria das relações objetais constituiu a corrente junguiana mais tarde chamada por Samuels (1985) de escola desenvolvimentista. Também nos Estados Unidos as ideias de Jung já tinham sido introduzidas há bastante tempo por James Kirsch, Joseph Henderson e outros pioneiros. Na América Latina Nise da Silveira e posteriormente Rafael López-Pedraza haviam sido os iniciadores.

Quando mais tarde, em junho de 1979, defendi minha tese de graduação, o instituto já havia se mudado do centro de Zurique para o distrito de Küsnacht e estava instalado num belo prédio, próximo ao lago, bem mais novo e amplo do que a histórica casa da Gemeindestrasse. Mas tive pouca convivência com essa nova sede, apenas defendi minha tese no local e tive outros eventuais contatos posteriores. Aos tijolos brancos de Küsnacht, prefiro as antigas tábuas do assoalho da casa da Gemeindestrasse, local que abrigou meus primeiros sonhos de me tornar um analista junguiano.

Para saltar melhor...

Tendo em consideração esses brotamentos da escola junguiana há quase quarenta anos atrás, penso ser uma tarefa bastante complexa não só entender os desenvolvimentos atuais, mas também traçar um quadro geral de perspectivas para o futuro. Posso tomar como referência para essa avaliação os aspectos teóricos, clínicos, ou de aplicabilidade social e diversos outros. Mas talvez a referência de Samuels sobre as escolas de psicologia complexa[4] e seu desenvolvimento nos auxilie bastante.

---

4. Estou usando o termo "psicologia complexa para a escola de Jung porque esse foi o termo que ele próprio escolheu. Shamdasani (2005, p. 27ss.) nos lembra que o termo psicologia analítica embora adotado incialmente, já na década de 1930 Jung dava preferência a "psicologia complexa" para seu corpo teórico. O termo "psicologia analítica" foi mais divulgado por ter

Para a avaliação dos desdobramentos das diversas escolas pós-junguianas levarei em conta não somente a publicação original de Samuels de 1985, *Jungians and the Post-Jungians* (Londres: Routledge), mas um significativo artigo do mesmo autor, "Will the post-Jungians survive?" [Os pós-junguianos sobreviverão?] (in: SAMUELS, 1998). Em sua obra seminal *Jung e os pós-junguianos* Samuels procura distinguir a evolução do movimento junguiano nos diversos países, sistematizando os diversos autores, perspectivas clínicas e teóricas em três escolas principais: *a clássica, a desenvolvimentista e a arquetípica* (SAMUELS, 1985, p. 15ss.). A escola clássica segue mais de perto as ideias originais de Jung, aplicando-as aos diversos campos do saber, clínicos e culturais, mas sem se afastar das propostas básicas de Jung. A escola desenvolvimentista procura integrar ideias do desenvolvimento do ego de vários autores da psicanálise ao pensar junguiano, enquanto a escola da psicologia arquetípica, sob a influência das ricas propostas de James Hillman, procura enfatizar conceitos como politeísmo psíquico, o fazer alma, fantasia e imagem, propondo uma percepção da psique bastante original.

Em meus tempos de formação em Zurique essas escolas já estavam se delineando. Era mais do que natural que a perspectiva clássica se fizesse mais dominante, pois a presença de Jung ainda se fazia sentir como um verdadeiro *genius loci*, um espírito do lugar, mesmo mais de dez anos após sua morte. Mas outros desenvolvimentos mais independentes se faziam sentir. A escola arquetípica se fortalecia com Hillman e alguns seguidores. Hillman havia ocupado o cargo de diretor de estu-

---

sido preferido pelos falantes de língua inglesa. Na tradução para o inglês da OC em diversas ocasiões o original *Komplexpsychologie* foi trocado por *psicologia analítica*.

dos no instituto em período de poucos anos antes de minha chegada e já publicara diversas obras de peso teórico, entre elas a que considero talvez a mais importante para situar a psicologia arquetípica como escola independente: *Revisioning Psychology* (1973). A própria escola desenvolvimentista já tinha seus representantes em Zurique como Mario Jacoby e alguns outros. Mario havia passado algum tempo em Londres e procurava articular conceitos psicanalíticos às ideias de Jung, interessando-se especialmente pelas ideias de Kohut e de suas possíveis aproximações com as ideias de Jung. Jacoby e outros já defendiam no instituto uma maior abertura para a terapia de grupo. Helmut Barz, na época presidente do *Curatorium* [diretoria] já defendia como possível a terapia de grupo de abordagem junguiana e coordenava grupos terapêuticos, enquanto outros analistas dentro de uma posição mais tradicional consideravam que a análise de grupo seria *contra a individuação*. Outros analistas já propunham a introdução de forma oficial de técnicas corporais na formação, o que seria uma novidade dentro do campo junguiano.

Desenvolvimentos posteriores

As três escolas definidas por Samuels foram reavaliadas pelo próprio autor posteriormente (SAMUELS, 1998). As escolas teriam adquirido formas novas, fusionando com outras correntes teóricas. A escola arquetípica acabou tendo um forte desenvolvimento em todo mundo, embalada pelas ricas colocações de James Hillman e sua linguagem poética. Nesse fluxo contínuo de ideias dentro de diversos desdobramentos, poderíamos encontrar, segundo Samuels (1998), quatro agrupamentos principais. No que se refere à escola clássica, parte dela continuaria da mesma forma, mas outro grupo de junguianos constituiria a *escola fundamentalista*, que como qualquer fundamentalismo se apegaria a conceitos básicos da teoria junguiana de forma mais radical evitando outras abordagens possíveis.

Também a escola desenvolvimentista se desdobraria em duas, dentro de uma intensa evolução em direção ao pensamento psicanalítico. Um grupo de analistas permanece como estavam, junguianos que procuram trazer de forma discriminada os conceitos psicanalíticos para a clínica, sem, entretanto, perder sua identidade como analistas junguianos. Outro grupo, entretanto, moveu-se de tal forma para a perspectiva psicanalítica que realizou o que Samuels denominou uma *fusão com a psicanálise* (1998, p. 22). Tanto o fundamentalismo junguiano quanto a fusão com a psicanálise foram desenvolvimentos indesejáveis da escola junguiana, evidentemente. O fundamentalismo junguiano, como qualquer outro, leva a um imobilismo que petrifica e dificulta a criatividade. O fechamento para outras correntes do pensar torna-se estéril, obviamente. A fusão com o movimento psicanalítico é um movimento de *solutio* no qual uma identidade junguiana, tanto na teoria quanto na prática é dificilmente reconhecível. Essa outra tendência, segundo Samuels, seria também pouco produtiva para desenvolvimentos da psicologia junguiana.

Entretanto, o que observamos em publicações no prestigioso *Journal of Analytical Psychology* e nos diversos congressos internacionais em geral é um gradual crescimento da influência das diversas escolas psicanalíticas dentro do pensar junguiano levando muitos analistas a se definirem como *psicanalistas junguianos*, embora esse termo ainda esteja pouco em uso no Brasil. Há bastante tempo os junguianos da escola desenvolvimentista procuram as referências e similitudes entre Jung e o pensamento psicanalítico, interações essas iniciadas por Michael Fordham e seguidores. O pensamento junguiano, pela sua riqueza e importância, também chamou a atenção de diversos teóricos da psicanálise.

Mais recentemente o importante teórico Zeljko Loparic (2014) procurou estabelecer pontes entre a psicologia complexa e o pensamento de Winnicott. Também a analista junguiana Sullivan (2010) discorreu sobre as identidades entre Wilfred Bion e Jung na teoria e na prática clínica.

Todas essas aproximações teóricas e na prática clínica se tornaram inevitáveis. É sabido que Jung não se dedicou em sua obra criativa ao estudo sistematizado do psiquismo infantil. Sua obra *Sobre os conflitos da alma infantil* (1910) sabe-se hoje ser a análise de sua própria filha, em um momento que Freud publicava seu trabalho sobre o Caso Joãozinho. Coube a teóricos junguianos procurar cobrir essa lacuna, mas esse trabalho foi sempre feito com o auxílio da teoria psicanalítica. As abordagens criativas sobre psicopatologia e transferência envolveram sempre conceitos psicanalíticos integrados aos junguianos nas obras de Fordham, Neumann, Samuels, Jacoby, Kalsched, Angela Connolly, Hester Solomon, para citar apenas alguns. Essas articulações teóricas sempre tiveram grande aplicabilidade clínica no estudo da transferência e no entendimento simbólico dos sintomas.

Dessa forma o trabalho clínico junguiano procurou integrar o referencial desenvolvimentista ao simbólico, como é chamado. A clínica não pode pretender ter somente uma perspectiva finalista, prospectiva. Mesmo em trabalhos logo após a separação de Freud, Jung reconhecia a importância de integrar o método prospectivo à perspectiva redutiva (JUNG, 1916, § 673ss.).

A psicologia complexa e a crise de paradigma

Podemos considerar na verdade toda a primeira fase da produção junguiana, inserida no chamado período Burghölzli (1902-1909), como pertencendo ao paradigma cartesiano. A experiência de associação de palavras, a descoberta dos complexos psicológicos, o estudo da psicodinâmica das psicoses é causalista e redutiva, procurando a causa eficiente dos sintomas no passado, como a psicologia profunda e a própria ciência de uma maneira em geral procurava fazer. As grandes influências no pensamento de Jung por essa época eram Théodore Flournoy, Pierre Janet, Eugen Bleuler, e por último, mas não menos importante, Sigmund Freud.

Mas com a publicação de *Transformações e símbolos da libido* (nome na época para *Símbolos da transformação*) (1911/1912) e logo depois o complexo livro de vivências pessoais, *O Livro Vermelho* (escrito em sua parte principal de 1913-1917), há uma mudança radical no corpo teórico junguiano, que passa a fazer jus, de fato, à denominação de *psicologia complexa*, se pensarmos em termos da emergência atual do paradigma da complexidade. Morin propõe o nome complexidade referindo que o termo complexo vem do latim *complexus*, "tecer junto" (MORIN, 1999, p. 33). Os fenômenos a serem estudados em ciência não têm uma causalidade única, não podem ser reduzidos a uma única causa como fator etiológico. Outros nomes foram dados ao novo paradigma emergente, como paradigma sistêmico, holístico, pós-moderno ou quântico. Seja como for, o corpo teórico junguiano passa a compor de forma evidente o paradigma pós-moderno. Os caminhos da psicologia complexa transcendem em muito o paradigma da Modernidade.

Sob a regência da causalidade, o paradigma newtoniano ou moderno se curva à medição. Já o paradigma da complexidade transcende a questão da medição. A psicologia de profundidade, com Freud e Jung, introduz a noção de inconsciente para os saberes da Pós-modernidade, conceito que ilude a medição, pois o inconsciente e atemporal foge às leis do tempo e espaço.

Freud trouxera para a psicologia e a psicopatologia da época a noção de inconsciente[5] de uma forma mais sistematizada. E o inconsciente não pode ser medido, pois é atemporal, fugindo às categorias do tempo e do espaço. Sempre se disse que Freud provocou escândalo na academia devido a sua abordagem pioneira da sexualidade infantil. Mas sem dúvida a própria noção de inconsciente trazida por Freud já produziria grande desconforto na academia estabelecida, pois o inconsciente já se constitui em uma noção pós-moderna. Entretanto, Jung com seus testes de associação de palavras consegue, podemos dizer assim, *medir os complexos*, que são detectados por instrumentos de medição, como o cronômetro em quintos de segundo que mede o tempo de reação entre a palavra estímulo e a resposta, o pneumógrafo, o voltímetro etc. Assim Jung dá uma base científica, moderna à psicanálise da época, com seus estudos experimentais baseados em instrumentos de medição.

As interações com o paradigma da complexidade

É nossa opinião que somente após a crise de paradigma dos inícios do século XX a psicologia complexa pôde ser

---

5. É fato que o conceito de inconsciente já era conhecido desde o século XIX. Por essa época, entretanto, foi sempre empregado dentro dos limites da filosofia (Nietzsche, Von Hartmann, C.G. Carus) em nas artes.

avaliada em sua extensão maior e ocupar seu justo lugar na cultura. A mudança radical na obra junguiana ocorre, como já mencionado, com a escrita de dois livros: *Símbolos da transformação* (1911) e *O Livro Vermelho* (1913-1917). No primeiro, o pensamento causal, redutivo, para explicação de todos os fenômenos mentais é relativizado, abrindo espaço para uma abordagem finalística, com ênfase no pensamento analógico e de amplificações. Pelo estudo de fantasias e poesias de uma jovem estudante de Theodore Flournoy, a Senhorita Miller, Jung faz vastas amplificações, utilizando-se da mitologia de povos de todo o globo, explicando dinamismos psicológicos profundos do inconsciente coletivo (o qual denominou na época de inconsciente filogenético).

Quanto a *O Livro Vermelho*, o próprio Jung referiu que nele estariam as bases de toda a sua obra futura:

> Toda minha atividade ulterior constituiu em elaborar o que jorrava do inconsciente naqueles anos e que inicialmente me inundara: era a matéria-prima para a obra de uma vida inteira (JUNG, 2006, p. 237),

Realmente, nessa obra revolucionária, fruto de intenso contato com o mundo interior do autor e que foge a qualquer modelo de uma obra de psicologia clássica, tendo mais o sabor da obra literária, mitológica e religiosa, nos deparamos com as essências do porvir do pensamento junguiano. Se pela obra *Símbolos da transformação* a psicologia complexa adquire uma validade para o homem planetário e não apenas para o homem europeu, já que Jung introduz a noção de um inconsciente filogenético e de imagens primordiais, com *O Livro Vermelho* as sementes de uma radical inserção no paradigma da complexidade são visíveis.

O livro apresenta um vasto desenrolar de diálogos com múltiplas personagens internas, uma ampla polifonia interior. Essa maneira de acesso à subjetividade daria origem a um método original de acesso ao inconsciente em psicoterapia, a *imaginação ativa*. Nesse processo de diálogo com o inconsciente há toda uma revolução epistemológica da maior importância, que definitivamente insere a psicologia complexa no paradigma pós-moderno.

A visão de mundo na Modernidade é caracterizada por pares de opostos, todos derivados do afastamento do homem da natureza. A partir da primeira polarização, homem-natureza, produzem-se inúmeras outras, condicionando a cosmovisão moderna: espírito-matéria, mente-corpo, homem-mulher, colonizador-colonizado, conhecimento acadêmico-conhecimento popular, Hemisfério Norte-Hemisfério Sul, e por último, sendo a polarização que mais nos interessa aqui, a polarização consciente-inconsciente[6].

A grande questão dessas polarizações na Modernidade é que elas são rígidas e hierarquizantes, assim, o espírito é superior à matéria, a mente superior ao corpo etc. Os saberes da Pós-modernidade têm desfeito essas polaridades hierarquizantes. No tocante à polaridade consciente-inconsciente, esse último foi sempre considerado inferior à consciência, sendo introduzido na ciência nos inícios do século XX por Freud pelo viés da psicopatologia. Com as experiências interiores de Jung com *O Livro Vermelho* o inconsciente deixa de ser algo inferior à consciência, um derivado ou epifenômeno dos processos da consciência pelo fenômeno do recalque e adquire o

---

6. Cf. as polarizações típicas da cosmovisão da Modernidade em Boaventura de Sousa Santos (2000) e Madel Luz (1995).

status de fonte essencial para qualquer processo criativo em arte e na ciência[7].

Há momentos de *O Livro Vermelho* que considero de verdadeira revolução epistemológica, caracterizados pelo resgate do inconsciente criativo, como no diálogo de Jung com o Profeta Elias:

> Eu [Jung]: O que vejo com meus próprios olhos, isso é precisamente inconcebível para mim. Tu Elias, que és um profeta, a boca de Deus, e ela [Salomé] um monstro sedento de sangue. Vós sois o símbolo dos mais extremos opostos.
>
> Elias: Nós somos reais e não um símbolo (*LV*, Liber Primus, cap. 9, p. 246).

E mais adiante, ainda em *O Livro Vermelho*:

> Elias: Tu podes chamar-nos de símbolos com o mesmo direito que podes chamar de símbolos também a outras pessoas iguais a ti. Nada enfraqueces e nada resolves ao nos chamar de símbolos.
>
> Eu: Tu me lanças numa confusão terrível. Vós quereis ser reais?
>
> Elias: Com certeza somos aquilo que chamas de real. Aqui estamos e tu tens que nos aceitar. Tu tens a escolha (*LV*, Liber Primus, cap. 10, p. 249).

Nesses diálogos fica postulada a ideia de uma realidade presente no inconsciente, realidade manifesta nos persona-

---

7. A importância do inconsciente em processos criativos na área da ciência pode produzir dúvidas, sendo mais fácil perceber as manifestações do inconsciente nos processos artísticos. Jung cita alguns exemplos da interferência de sonhos e imagens arquetípicas em descobertas científicas como a visão da serpente que morde a cauda (Uróboros) no sonho do químico Kekulé, o que o levou a descobrir a estrutura em anel do átomo de Benzeno.

gens que interagem com a consciência pela imaginação ativa. *O Livro Vermelho* é permeado por esse e outros brotamentos intuitivos de criatividade que somente muito mais tarde Jung conseguirá dar forma sob conceitos teóricos em sua obra.

A ideia de que os conteúdos do inconsciente são reais e não meramente subjetivos encontraram eco no conceito de *realidade da alma*, que acompanha a obra tardia de Jung.

Também o conceito aqui expresso de *uma consciência no inconsciente* somente será elaborado teoricamente muito mais tarde (OC 8/2). A palavra *inconsciente* já encerra em si própria vestígios de sua origem na Modernidade, isto é, o *in-consciente*, o que não é consciente sendo o inferior, o epifenômeno derivado da consciência. Jung irá propor mais tarde o nome de *psique objetiva* como denominação que melhor expressa a realidade dos conteúdos impessoais da psique coletiva (cf. a noção de psique objetiva em OC 8/2).

Interações com o círculo de Eranos: Wolfgang Pauli e a física moderna

Da maior importância para o desdobramento da obra junguiana e sua inserção na contemporaneidade foram as trocas culturais que Jung pôde experimentar durante toda sua vida. Entre esses movimentos criativos tem uma importância capital a participação de Jung nos encontros culturais Eranos. Esses encontros foram idealizados por Olga Froëbe Capteyn em sua propriedade às margens do Lago Maggiore na fronteira da Suíça com a Itália. Buscava-se anualmente congregar especialistas em diversas áreas do saber. A cada ano um tema específico era escolhido. Jung participou desses encontros desde seus inícios em 1933 até 1951, com breves ausências por problemas de doença grave nos anos de 1940. Nos encontros Eranos suas conferências foram transformadas depois em importantes trabalhos publicados na Obra Completa. Em sua última participação, por exemplo, sua conferência foi: *Sobre a sincronicidade* (1951).

Participaram de Eranos pensadores da maior importância para a cultura contemporânea, como Gilbert Durand (Escola do Imaginal), Rudolf Otto (Experiência Religiosa), o sinólogo Richard Wilhelm, Alain Danielou (religiões orientais) Mircea Eliade (religiões comparadas) Gilles Quispel (gnosticismo) Carolly Kerényi (mitologia grega), Gershom Scholem (misticismo judaico), Adolf Portmann (biologia). Entre os analistas junguianos, além de Jung, participaram Marie-Louise Von Franz, James Hillman e Erich Neumann, entre os teóricos da física moderna, Niels Bohr, Wolfgang Pauli, Schrödinger e Max Knoll.

Portanto, um mosaico transdisciplinar de grande densidade teórica acontecendo às portas de uma ampla transição paradigmática na cultura. O nome desses pesquisadores e a diversidade de suas disciplinas apontam para uma tangência interdisciplinar muito criativa. O nome dado aos encontros, *Eranos*, sugerido por Rudolf Otto, é de origem grega e significa "um repasto onde os convidados levam suas próprias bebidas e alimento para compor a refeição". Nome muito apropriado para essas intensas trocas culturais.

Diversas disciplinas exploradas em Eranos compõem o corpo das reflexões de Jung. A comprovação das manifestações do inconsciente coletivo se fez inicialmente com a colaboração inestimável da mitologia e de religiões comparadas. O gnosticismo foi uma disciplina profundamente estudada por Jung à época da escrita de *O Livro Vermelho*; a manifestação de imagens gnósticas no inconsciente do homem contemporâneo foi demonstrada por Jung, que viu nessas seitas do cristianismo primitivo uma contracorrente compensatória à religião institucionalizada. Jung procurou mesmo articular seu modelo do arquétipo com teorias da etologia e da biologia em geral.

Mas entre todos esses participantes de Eranos desejo chamar a atenção para dois personagens cuja influência em Jung ilustra bem a inserção da psicologia complexa no novo paradigma emergente: o sinólogo Richard Wilhelm e o Prêmio Nobel de Física Wolfgang Pauli.

Richard Wilhelm é uma das principais influências de Jung nessa segunda fase de sua obra. Wilhelm colocou Jung em contato com o pensamento chinês por meio de suas traduções das obras *O segredo da flor de ouro*, um livro de alquimia taoista, e o famoso livro oracular, o *I Ching*. O contato com o pensamento chinês levou Jung a se libertar de forma definitiva das amarras da causalidade, levando-o a postular um princípio universal complementar à causalidade, *a sincronicidade* (1951/2011). Para o pensamento chinês os eventos ocorrendo no mundo circundante não obedecem a uma causalidade independente para cada um, mas todos esses eventos estão associados, têm uma conexão acausal que os conecta (JUNG, 1948/2011). Toda a consulta ao oráculo do I Ching se baseia nesse princípio de conexão acausal.

O interesse pelos eventos parapsicológicos que fogem à causalidade e ao tempo-espaço não era novidade para Jung, estando presente desde seus primeiros passos em sua obra criativa. Mas o contato com a tradição chinesa, e principalmente com a física contemporânea por meio do teórico quântico Wolfgang Pauli, forneceu a Jung uma base teórica mais sólida para finalmente postular o princípio da sincronicidade em 1951.

Há três condições para a sincronicidade:

1) Um par de eventos, um psíquico, outro no mundo externo.

2) Não há relação causal entre esses eventos.

3) Esses eventos correspondem um ao outro por significado, que se manifesta simbolicamente.

O físico Fritjof Capra (2006) enfatizou as íntimas relações entre o conceito de sincronicidade e os fenômenos não locais em física. Quando duas partículas subatômicas se tocam, elas se afastam à velocidade da luz para distâncias enormes no universo. Se uma dessas partículas sofre mudança de *spin*, a outra, mesmo a uma distância de milhares de anos-luz, no mesmo instante sofrerá a mesma mudança de *spin* (rotação em torno do próprio eixo) na mesma direção.

O conceito de sincronicidade, bem como a própria perspectiva teórica da psicologia complexa, as colocam dentro do viés do pensamento complexo atual. O conceito de amplificação em vez da simples redução, a perspectiva finalista em vez da causal, são perspectivas que se inserem em modelos mais atuais do pensamento complexo em ciência. A sincronicidade tem amplas aplicações em clínica e no entendimento da sociedade contemporânea. Eventos sincronísticos ocorrem quando um arquétipo é constelado, essa perspectiva proporciona uma nova compreensão da realidade. Um exemplo prático da aplicação do princípio da sincronicidade em clínica é para o entendimento dos fenômenos de somatização. Nem sempre uma perspectiva causal pode dar conta de como fenômenos corporais são paralelos às manifestações psíquicas. Somente a perspectiva da sincronicidade pode dar conta desses sintomas[8].

---

8. Sobre a sincronicidade no caso de uma paciente com doença autoimune, cf. meu artigo "O sonho em pacientes somáticos" (2008).

Novamente citando Boaventura:

> Capra vê em Jung uma das alternativas teóricas às concepções mecanicistas de Freud, e Bateson afirma que, enquanto Freud ampliou o conceito de mente para dentro (permitindo-nos abranger o conceito de consciente e inconsciente), é necessário agora ampliá-lo para fora [...] (SOUSA SANTOS, 2001, p. 39).

A psicologia complexa e as dinâmicas sociais contemporâneas

A sociedade contemporânea, como é sabido, está fervilhando em intensas modificações. As fronteiras e limites tradicionais da Modernidade vêm ruindo sucessivamente e a intensidade das comunicações instantâneas colocam toda a cultura contemporânea em transformação. As pessoas em toda parte se perguntam quais as razões dessas intensas transformações não só do ponto de vista econômico e social, mas arquetípico e simbólico?

A grande rede de internet, as comunicações instantâneas pelo mundo virtual, as comunicações mais fáceis entre as culturas pelas viagens e trocas comerciais e culturais, todo esse processo abole as fronteiras tradicionais. A psicologia complexa procura atualmente aprofundar estudos dos comportamentos coletivos e das novas realidades que acontecem pelos fenômenos migratórios na Europa, na América Latina e em outros locais, na necessidade de demarcação de terras indígenas e outros processos sociais. O sociólogo húngaro Zygmunt Bauman (2001) chamou de *Modernidade líquida* a esse intenso processo contemporâneo de dissolução cultural.

Entre os teóricos da psicologia complexa surgiram novos instrumentos teóricos para lidar com esse fenômeno social emergente pelo qual o subjetivismo e o indivíduo não podem ser abordados em separado do coletivo social. Noções como sombra coletiva (Jung), inconsciente cultural (Henderson), complexo cultural (Singer e Kimbles), e ansiedade cultural (López-Pedraza) procuram dar conta desses fenômenos. Kiehl, Samuels e Saban (2016) entre outros criaram um importante movimento de análise social sob a perspectiva da psicologia complexa. O movimento, chamado de *ativismo político* promove congressos anuais em diversos países do mundo versando sobre temas sociais e políticos. Samuels também coordena um grande fórum de discussões na internet sobre variados problemas político-sociais em todo o mundo, desde a situação palestina até a emergência da nova direita no Brasil e no Ocidente em geral.

Conclusões

Procuramos descrever os grandes câmbios que a cultura sob o novo paradigma emergente tem sofrido nos tempos atuais e o que a psicologia complexa tem a dizer sobre esses diversos fenômenos. Podemos afirmar com certeza que o pensamento de Jung ganhou cada vez espaços maiores na sociedade contemporânea e só o pensamento complexo pode abrigar as profundas reflexões do pensador suíço em especial suas produções da segunda metade de sua obra. O entendimento de fenômenos chamados *paranormais* (p. ex., a telepatia) tão frequentes na clínica, pode ser mais integrado teoricamente dentro da perspectiva junguiana. O modelo de arquétipo psicoide, associado ao da sincronicidade, pode enfim desempenhar um papel nos saberes pós-modernos. Um fenômeno animador é que enfim a psicologia complexa começa a ganhar espaços na universidade.

A força do pensamento junguiano é demonstrada pela grande expansão da *International Association for Analytical Psychology* (Iaap), expansão que pude acompanhar de perto enquanto membro do *comitê executivo* dessa instituição. A Iaap tem um programa especial de formação para países que não têm sociedades-membro oficiais constituídas, organizando os chamados *grupos em desenvolvimento*. Acompanhei alguns desses grupos em diversos países da América Latina, que depois se tornaram sociedades junguianas membros da Iaap. Alguns desses grupos se formaram por todo o mundo, na Europa do Leste, no Oriente e mesmo na África. Há dois grupos em desenvolvimento na Índia e diversos na China. A Rússia já constitui uma grande sociedade-membro da Iaap. Esse fascinante fenômeno cultural planetário nos traz a importante questão: Como um chinês pensará o inconsciente, a consciência, o ego, o modelo do arquétipo? Sua visão será a mesma de um indiano ou de um latino-americano? Como serão as atividades de psicoterapia e supervisão nesses países de cultura tão diversa? O fator cultura ganha aqui uma importância preponderante. Os novos horizontes da psicologia complexa de Jung são quase ilimitados neste início de terceiro milênio.

Referências

BAUMAN, Z. (2001). *Modernidade líquida*. Rio de Janeiro: Jorge Zahar.

BOECHAT, W. (2008). O sonho em pacientes somáticos. *Cadernos Junguianos*, n. 4, p. 19-31.

CAPRA, F. (2006). *A teia da vida*. 10. ed. São Paulo: Cultrix.

HILLMAN, J. (1973). *Revisioning Psychology*. Dallas: Spring.

JULIEN, P. (2010). *A psicanálise e o religioso*: Freud, Jung, Lacan. Rio de Janeiro: Zahar.

JUNG, C.G. & JAFFÉ, A. (1963/2006). *Memórias, sonhos e reflexões*. Rio de Janeiro: Nova Fronteira.

JUNG, C.G. (2010). *O Livro Vermelho*. Petrópolis: Vozes.

_____ (1951/2011). *Sincronicidade*: um princípio de conexão acausal. Petrópolis: Vozes [OC 8/3].

_____ (1948/2011). *Prefácio ao I Ching*. Petrópolis: Vozes [OC 11/5].

_____ (1946/2011). *Considerações teóricas sobre a natureza do psíquico*. Petrópolis: Vozes [OC 8/2].

_____ (1916/2011). *Prefácios a Collected Papers on Analytical Psychology*. Petrópolis: Vozes [OC 4].

_____ (1911/2011). *Símbolos da transformação*. Petrópolis: Vozes [OC 5].

_____ (1910/2011). *Sobre os conflitos da alma infantil*. Petrópolis. Vozes [OC 17].

KIEHL, E.; SABAN, M. & SAMUELS, A. (orgs.) (2016). *Analysis and activism*. Londres: Routledge.

LOPARIC, Z. (2014). *Winnicott e Jung*. São Paulo: DWW.

LUZ, M. (1995). *Natural, racional, social* – Razão médica e racionalidade científica moderna. Rio de Janeiro: Campus.

MORIN, E. (1999). "Por uma reforma do pensamento". In: PENA-VEGA, A. & NASCIMENTO, E.P. (orgs.). *O pensar complexo*: Edgar Morin e a crise da Modernidade. Rio de Janeiro: Garamond.

SAMUELS, A. (1998). *Post-Jungians today*. Londres: Routledge.

Jung e os desafios contemporâneos

_____ (1985). *Jung and the Post-Jungians*. Londres: Routledge.

SHAMDASANI, S. (2005). *Jung e a construção da psicologia moderna* – O sonho de uma ciência. Aparecida: Ideias e Letras.

SOUSA SANTOS, B. (2001). *Um discurso sobre as ciências*. 12. ed. Lisboa: Afrontamento.

_____ (2000). *A crítica da razão indolente*: contra o desperdício da experiência. São Paulo: Cortez.

SULLIVAN, B.S. (2010). *The Mystical of Analytical Work*: Weavings from Jung and Bion. Londres: Routledge.

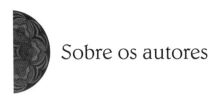

Sobre os autores

Joyce Werres - Psicóloga e analista junguiana; membro didata do Instituto Junguiano do Rio Grande do Sul - IJRS, da Associação Junguiana do Brasil - AJB e da International Association for Analytical Psychology - Iaap; mestre em Psicologia Clínica; professora e coordenadora do Curso de Pós-Graduação em Psicologia Clínica Junguiana pela Famaqui; organizadora do livro *Ensaios sobre a clínica junguiana*; coautora do livro *Puer-senex: dinâmicas relacionais*.

Renata Whitaker Horschutz - membro didata do Instituto Junguiano de São Paulo - Ijusp, da Associação Junguiana do Brasil - AJB, da International Association for Analytical Psychology - Iaap (Suíça); membro fundadora do Instituto Brasileiro de Terapia Sandplay; coordenadora do Departamento Infantil e do Adolescente da AJB, especialista em Cinesiologia Integração Fisiopsíquica com base na psicologia junguiana pelo Instituto Sedes Sapientiae; idealizadora do site: www.psicologiasandplay.com.br

Anita Mussi - Psicóloga e analista junguiana; membro didata do Instituto Junguiano do Rio Grande do Sul - IJRS, da Associação Junguiana do Brasil - AJB e da International Association for Analytical Psychology - Iaap; diretora de ensino do Instituto Junguiano de Santa Catarina – Ijusc; professora da Pós-graduação em Psicologia Analítica em Santa Catarina, no Rio Grande do Sul e no Distrito Federal.

Rosa Brizola Felizardo – Psicóloga e analista junguiana; membro didata do Instituto Junguiano do Rio Grande do Sul – IJRS, da Associação Junguiana do Brasil – AJB e da International Association for Analytical Psychology – Iaap; pedagoga especialista em Orientação Educacional pela PUC/RS; professora da rede estadual de ensino do Rio Grande do Sul.

Rose Mary Kerr Barros – Psicóloga clínica; professora universitária com especialização em Psico-oncologia, Psicologia Clínica Junguiana e Gestão Empresarial; mestre em Educação; candidata a analista junguiana pelo Instituto Junguiano do Rio Grande do Sul – IJRS.

Humbertho Oliveira – Médico; analista didata Iaap/AJB/IJRJ; professor da Pós-graduação em Psicologia Junguiana da Unesa; artista-pesquisador do Núcleo de Cultura Popular Céu na Terra; organizador/autor de: *Corpo expressivo e construção de sentidos, Mitos, folias e vivências e Desvelando a alma brasileira – Psicologia junguiana e raízes culturais.*

Sílvio Lopes Peres – Psicólogo clínico, atende em psicoterapia e supervisão em Marília, Assis, Campinas e Londrina; candidato a analista junguiano pelo Instituto de Psicologia Analítica de Campinas (Ipac); mestre em Ciências da Religião, com especialização em Docência no Ensino Superior; graduado em Psicologia, Pedagogia e Teologia; realiza trabalhos acadêmicos como *personal researcher* em Psicologia Analítica; coordena o Grupo de Estudos de Psicologia Analítica e o PsicoCine C.G. Jung, em Marília e também escreve semanalmente, desde 2004, no *Jornal da Manhã*, na mesma cidade.

Fernando Bortolon Massignan – Mestre em Direito pela PUC-RS; especialista em Direito Tributário pela FGV; graduado em Direito pela PUC-RS e em Ciências Contábeis pela UFRGS; advogado e professor em cursos de pós-graduação.

Gelson Luis Roberto – Psicólogo e analista junguiano; mestre em Psicologia Clínica; membro didata do Instituto Junguiano do Rio Grande do Sul – IJRS, da Associação Junguiana do Brasil – AJB e da International Association for Analytical Psychology – Iaap; membro fundador do Instituto Junguiano do Rio Grande do Sul; presidente da Associação Junguiana do Brasil de 2014 a 2016; professor de pós-graduação dos cursos de especialização em Saúde e Espiritualidade e em Psicologia Clínica Junguiana em Porto Alegre e Brasília, além de ministrar cursos de formação nas diversas instituições junguianas no Brasil; participante de projeto de pesquisa sobre experiências anômalas pela AJB, *Pacifica Graduate Institute* de Santa Bárbara e da PUC-RS.

Walter Boechat – Médico, analista junguiano diplomado pelo C.G. Jung Institut Zurich – Universität Zurich e doutor em Saúde Coletiva pela Universidade do Estado do Rio de Janeiro; membro do Executive Committee [diretoria] da International Association for Analytical Psychology (Zurique, Suíça) entre 2007 e 2013; membro fundador da Associação Junguiana do Brasil.

Coleção Reflexões Junguianas
Assessoria: Dr. Walter Boechat

- *Puer-senex – Dinâmicas relacionais*
Dulcinéia da Mata Ribeiro Monteiro (org.)
- *A mitopoese da psique – Mito e individuação*
Walter Boechat
- *Paranoia*
James Hillman
- *Suicídio e alma*
James Hillman
- *Corpo e individuação*
Elisabeth Zimmermann (org.)
- *O irmão: psicologia do arquétipo fraterno*
Gustavo Barcellos
- *Viver a vida não vivida*
Robert A. Johnson e Jerry M. Ruhl
- *O feminino nos contos de fadas*
Marie-Louise von Franz
- *Re-vendo a psicologia*
James Hillman
- *Sonhos – A linguagem enigmática do inconsciente*
Verena Kast
- *Introdução à Psicologia de C.G. Jung*
Wolfgang Roth
- *O encontro analítico*
Mario Jacoby
- *O amor nos contos de fadas*
Verena Kast
- *Psicologia alquímica*
James Hillman
- *A criança divina*
C.G. Jung e Karl Kerényi
- *Sonhos – Um estudo dos sonhos de Jung, Descartes, Sócrates e outras figuras históricas*
Marie-Louise von Franz
- *O livro grego de Jó*
Antonio Aranha

- *Ártemis e Hipólito*
Rafael López-Pedraza
- *Psique e imagem – Estudos de psicologia arquetípica*
Gustavo Barcellos
- *Sincronicidade*
Joseph Cambray
- *A psicologia de C.G. Jung*
Jolande Jacobi
- *O sonho e o mundo das trevas*
James Hillman
- *Quando a alma fala através do corpo*
Hans Morschitzky e Sigrid Sator
- *A dinâmica dos símbolos*
Verena Kast
- *O asno de ouro*
Marie-Louise von Franz
- *O corpo sutil de eco*
Patricia Berry
- *A alma brasileira*
Walter Boechat (org.)
- *A alma precisa de tempo*
Verena Kast
- *Complexo, arquétipo e símbolo*
Jolande Jacobi
- *O animal como símbolo nos sonhos, mitos e contos de fadas*
Helen I. Bachmann
- *Uma investigação sobre a imagem*
James Hillman
- *Desvelando a alma brasileira – Psicologia junguiana e raízes culturais*
Humbertho Oliveira (org.)
- *Jung e os desafios contemporâneos*
Joyce Werres (org.)

CULTURAL

Administração – Antropologia – Biografias
Comunicação – Dinâmicas e Jogos
Ecologia e Meio Ambiente – Educação e Pedagogia
Filosofia – História – Letras e Literatura
Obras de referência – Política – Psicologia
Saúde e Nutrição – Serviço Social e Trabalho
Sociologia

CATEQUÉTICO PASTORAL

Catequese – Pastoral
Ensino religioso

REVISTAS

Concilium – Estudos Bíblicos
Grande Sinal – REB

TEOLÓGICO ESPIRITUAL

Biografias – Devocionários – Espiritualidade e Mística
Espiritualidade Mariana – Franciscanismo
Autoconhecimento – Liturgia – Obras de referência
Sagrada Escritura e Livros Apócrifos – Teologia

VOZES NOBILIS

Uma linha editorial especial, com importantes autores, alto valor agregado e qualidade superior.

PRODUTOS SAZONAIS

Folhinha do Sagrado Coração de Jesus
Calendário de mesa do Sagrado Coração de Jesus
Agenda do Sagrado Coração de Jesus
Almanaque Santo Antônio – Agendinha
Diário Vozes – Meditações para o dia a dia
Encontro diário com Deus – Guia Litúrgico

VOZES DE BOLSO

Obras clássicas de Ciências Humanas em formato de bolso.

CADASTRE-SE
www.vozes.com.br

EDITORA VOZES LTDA.
Rua Frei Luís, 100 – Centro – Cep 25689-900 – Petrópolis, RJ
Tel.: (24) 2233-9000 – Fax: (24) 2231-4676 – E-mail: vendas@vozes.com.br

UNIDADES NO BRASIL: Belo Horizonte, MG – Brasília, DF – Campinas, SP – Cuiabá, MT
Curitiba, PR – Fortaleza, CE – Goiânia, GO – Juiz de Fora, MG
Manaus, AM – Petrópolis, RJ – Porto Alegre, RS – Recife, PE – Rio de Janeiro, RJ
Salvador, BA – São Paulo, SP